Pocket L

French Pocket Puzzles

The Basics
Volume 1

Compiled by Erik Zidowecki

Note: In some cases , the common word for something may be used instead of the formal word, so as to help provide you with a more natural vocabulary.

For more language learning materials, visit
http://www.scriveremo.com

Part of the Pocket Languages series.
Published by Scriveremo Publishing, a division of Parleremo Languages.

IISBN-13: 978-1532819964
ISBN-10: 153281996X
Copyright © 2016. All Rights Reserved

This book has activities in 8 themes of vocabulary:

Animals	**Days, Months, Seasons**
Around the House	**Family**
Clothing	**Numbers**
Colours	**Parts of the Body**

Contents

Word Searches..................................1
Word Scrambles.............................43
Word Quizzes..................................85
Hints and Solutions........................127
Dictionary..163

Welcome to the Word Search section!

Find all the French words in the puzzles.

Words may be in any direction vertically, horizontally and diagonally.

Parts of speech are given in [].

m = masculine noun   mp = masculine plural
f = feminine noun   fp = feminine plural
adj = adjective   adv = adverb
num = number   v = verb

Word Search #1 - Animals

```
d r d x c m x é k b l a i r e a u
é u p u o l z y z é b i s o n t é
c g a i é j p e s u o a n i m a l
n i j p r h i n o c é r o s j é t
o x p m a v a l l i g a t o r e g
h y t é y r a x t n e p r e s m u
c è z t c d c m m v p m x e p è j
o i a t u r h g o s o r t i g r e
c r i x é c o é l é p h a n t â g
è é y r h x d p p i u a e r u a t
```

French	English
cochon *[m]*	pig
bison *[m]*	buffalo
rhinocéros *[m]*	rhinoceros
rat *[m]*	rat
animal *[m]*	animal
porc-épic *[m]*	porcupine
éléphant *[m]*	elephant
crapaud *[m]*	toad
taureau *[m]*	bull
tigre *[m]*	tiger
alligator *[m]*	alligator
loup *[m]*	wolf
serpent *[m]*	snake
blaireau *[m]*	badger

Word Search #2 - Animals

```
o f n f k a n g o u r o u o h i m
é c u r e u i l m u l e c d n é h
u e l l i u o n e r g a g n e a u
a p a c u d e p o r é t c y r o n
h l o è j y m y c o u g u a r h b
v p a u a o x g è c è i g z p t é
é f p o r l s é u â r c h è v r e
c o d è k s e h f y è l a v e h c
r a u g a j k v m o u t o n è k t
s f o u m i l l i e r c è r h l e
```

French

agneau *[m]*
oryctérope du Cap *[m]*
jaguar *[m]*
koala *[m]*
chèvre *[f]*
grenouille *[f]*
cheval *[m]*
mule *[f]*
foumillier *[m]*
écureuil *[m]*
kangourou *[m]*
mouton *[m]*
couguar *[m]*
ours *[m]*

English

lamb
aardvark
jaguar
koala
goat
frog
horse
mule
anteater
squirrel
kangaroo
sheep
cougar
bear

Word Search #3 - Animals

```
e p t n o h c o c g o r i l l e t
n z m b è k s u s e x x â d s é d
â d u a p a r c h è n y è k a v é
è è é a x g r h k a n g o u r o u
f j s u l z y a y o g a r l é b é
g j f j b u g t e u t r o t a e n
c h è v r e m é n i f l a m i n a
y y u a e r u a t è h x s f m r a
â è m b r â r t n e p r e s a g l
s l e g n i s l l i o n f o t b h
```

French

lion *[m]*
chat *[m]*
kangourou *[m]*
taureau *[m]*
singe *[m]*
tamia *[m]*
crapaud *[m]*
chèvre *[f]*
âne *[m]*
serpent *[m]*
animal *[m]*
cochon *[m]*
gorille *[m]*
tortue *[f]*

English

lion
cat
kangaroo
bull
monkey
chipmunk
toad
goat
donkey
snake
animal
pig
gorilla
tortoise

Word Search #4 - Animals

a	e	r	g	i	t	n	n	b	c	t	è	u	f	t	f
m	é	c	u	r	e	u	i	l	g	i	h	s	k	r	â	i
c	â	i	e	r	è	h	t	n	a	p	s	è	s	j	é	k
g	z	j	a	g	u	a	r	l	o	z	e	o	v	h	b	k
l	a	n	i	m	a	l	è	z	è	b	r	e	n	r	l	u
o	x	o	u	é	f	i	j	é	s	t	n	e	p	r	e	s
x	m	f	y	l	c	h	m	v	y	g	u	é	p	a	r	d
x	n	è	t	a	t	f	b	a	c	p	h	e	f	b	m	h
p	g	r	a	u	g	u	o	c	t	j	s	r	r	a	t	b
u	o	r	u	o	g	n	a	k	x	e	z	n	z	x	d	é

French

serpent *[m]*
tamia *[m]*
animal *[m]*
bison *[m]*
panthère *[f]*
chèvre *[f]*
kangourou *[m]*
couguar *[m]*
écureuil *[m]*
rat *[m]*
tigre *[m]*
guépard *[m]*
jaguar *[m]*
zèbre *[m]*

English

snake
chipmunk
animal
buffalo
panther
goat
kangaroo
cougar
squirrel
rat
tiger
cheetah
jaguar
zebra

Word Search #5 - Animals

```
l y n x p t é p a n t h è r e h é
c h è v r e r o t a g i l l a h p
é p a c u d e p o r é t c y r o i
o f t n c s u r b n i u o b a b i
h m g s f h a f x x i h r p u o l
y a l i z â e e d u a p a r c c f
è v g n b m n v m o c o f c y r x
n k â g n u g â a f g c â s è é b
e f è e y l a x a l e p f k g n x
d é x t p e k d n u t a u r e a u
```

French

mule *[f]*

oryctérope du Cap *[m]*

cheval *[m]*

crapaud *[m]*

agneau *[m]*

lynx *[m]*

loup *[m]*

taureau *[m]*

hyène *[f]*

singe *[m]*

alligator *[m]*

chèvre *[f]*

babouin *[m]*

panthère *[f]*

English

mule

aardvark

horse

toad

lamb

bobcat

wolf

bull

hyena

monkey

alligator

goat

baboon

panther

Word Search #6 - Around the House

à	c	é	é	e	u	q	è	h	t	o	i	l	b	i	b	î
h	o	u	h	o	r	l	o	g	e	q	é	à	q	f	r	f
v	u	è	e	l	l	i	u	e	f	e	t	r	o	p	e	h
p	t	é	è	h	r	v	h	v	l	r	t	a	l	p	i	b
l	e	r	è	v	d	i	c	l	à	e	l	u	b	s	l	à
a	a	u	f	o	u	r	c	h	e	t	t	e	s	t	a	e
c	u	e	g	e	r	u	t	r	e	v	u	o	c	e	c	r
a	u	x	o	b	p	e	r	è	g	a	t	é	n	i	s	r
r	e	i	è	v	t	h	q	n	b	n	e	a	u	e	e	e
d	g	m	e	g	n	i	l	e	h	c	è	s	o	c	d	v

French

bibliothèque *[f]*
portefeuille *[m]*
horloge *[f]*
fourchette *[f]*
couverture *[f]*
eau *[f]*
mixeur *[m]*
sèche-linge *[m]*
escalier *[m]*
étagère *[f]*
placard *[m]*
plat *[m]*
verre *[m]*
couteau *[m]*

English

bookcase
wallet
clock
fork
blanket
water
mixer
drier
staircase
shelf
cabinet
dish
glass
knife

Word Search #7 - Around the House

```
l e l l e b u o p c a s é l x s s
x e u ê q m r o b i n e t é d e è
d l e t î o b e v o s r m l à t b
r b a c o n g é l a t e u r s t s
i u s a m a c h i n e à l a v e r
o e î r p b o u i l l o i r e l p
r m e l l e s s i a v e v a l i o
i i s g r i l l e p a i n a q o r
t p s a n g h c u i s i n e u t t
i ê q e r è i n i s i u c c î r e
```

French

sac poubelle *[m]*
lave-vaisselle *[m]*
bouilloire *[f]*
tiroir *[m]*
cuisine *[f]*
machine à laver *[f]*
cuisinière *[f]*
robinet *[m]*
toilettes *[f]*
boîte *[f]*
congélateur *[m]*
meuble *[m]*
grille-pain *[m]*
porte *[f]*

English

rubbish bag
dishwasher
kettle
drawer
kitchen
washing machine
stove
tap
toilet
tin
freezer
furniture
toaster
door

Word Search #8 - Around the House

e	h	h	o	r	l	o	g	e	r	m	u	a	p	l	m	r
è	r	î	e	i	a	n	n	o	m	e	t	r	o	p	i	x
r	é	v	e	i	l	l	m	g	p	l	a	f	o	n	d	î
t	b	o	m	u	e	u	q	è	h	t	o	i	l	b	i	b
c	r	é	f	r	i	g	é	r	a	t	e	u	r	e	u	o
a	î	u	s	g	v	ê	a	e	n	o	h	p	é	l	é	t
f	b	v	e	v	e	o	é	p	a	n	a	c	v	a	s	e
s	x	x	a	t	r	h	h	b	l	r	r	i	o	r	i	m
p	g	t	u	d	r	e	r	è	i	n	i	s	i	u	c	v
m	o	i	n	c	e	î	e	l	l	e	b	u	o	p	é	d

French

canapé *[m]*
réfrigérateur *[m]*
seau *[m]*
téléphone *[m]*
verre *[m]*
cuisinière *[f]*
horloge *[f]*
porte-monnaie *[m]*
miroir *[m]*
bibliothèque *[f]*
vase *[m]*
plafond *[m]*
réveil *[m]*
poubelle *[f]*

English

couch
refrigerator
pail
telephone
glass
stove
clock
purse
mirror
bookcase
vase
ceiling
alarm clock
rubbish can

Word Search #9 - Around the House

î	s	t	o	i	l	e	t	t	e	s	s	m	t	c	d	x
é	p	a	n	a	c	t	é	l	é	p	h	o	n	e	t	b
m	e	u	b	l	e	è	q	b	e	n	i	s	i	u	c	m
c	q	x	o	b	î	e	l	l	e	b	u	o	p	é	t	o
e	g	a	h	c	u	o	c	e	d	c	a	s	q	x	c	m
i	a	d	à	b	p	t	t	u	a	e	l	b	a	t	è	g
ê	r	u	e	t	a	r	é	g	i	r	f	é	r	o	é	r
é	î	é	é	b	o	o	p	p	à	b	a	l	a	i	u	t
h	t	i	l	ê	b	r	u	e	t	a	l	é	g	n	o	c
n	c	e	o	c	u	i	l	l	i	è	r	e	l	é	é	r

French

table *[f]*

téléphone *[m]*

sac de couchage *[m]*

toilettes *[f]*

lit *[m]*

congélateur *[m]*

poubelle *[f]*

tableau *[m]*

cuisine *[f]*

canapé *[m]*

réfrigérateur *[m]*

meuble *[m]*

balai *[m]*

cuillière *[f]*

English

table

telephone

sleeping bag

toilet

bed

freezer

rubbish can

picture

kitchen

couch

refrigerator

furniture

broom

spoon

Word Search #10 - Around the House

é	è	h	r	g	h	v	î	v	r	é	v	e	i	l	ê	b
b	e	n	p	s	e	a	n	p	o	r	t	e	x	i	x	l
g	l	p	e	f	r	s	à	e	c	a	n	a	p	é	i	p
é	b	à	i	a	q	e	s	c	a	l	i	e	r	e	t	o
m	a	é	n	x	h	l	r	i	è	l	m	o	é	l	o	e
e	t	é	t	à	e	r	è	i	n	i	s	i	u	c	i	ê
u	é	n	u	o	g	é	é	e	g	a	m	i	v	p	t	è
b	è	v	r	c	l	t	ê	i	o	e	é	m	t	è	n	n
l	o	o	e	c	u	s	c	a	f	e	t	i	è	r	e	v
e	u	s	p	o	r	t	e	m	o	n	n	a	i	e	î	n

French

cuisinière *[f]*

canapé *[m]*

réveil *[m]*

clé *[f]*

toit *[m]*

peinture *[f]*

table *[f]*

cafetière *[f]*

porte *[f]*

porte-monnaie *[m]*

escalier *[m]*

meuble *[m]*

vase *[m]*

image *[f]*

English

stove

couch

alarm clock

key

roof

painting

table

coffee pot

door

purse

staircase

furniture

vase

image

Word Search #11 - Clothing

d	p	u	f	l	g	c	ê	c	j	n	y	s	e	b	o	r
g	d	d	n	d	f	g	m	s	u	é	l	d	u	w	a	b
j	e	a	n	s	e	a	e	u	r	i	o	h	c	u	o	m
m	m	r	u	é	n	l	d	h	p	j	a	e	y	h	y	w
e	i	a	b	t	a	i	e	t	t	e	u	q	s	a	c	i
l	n	s	e	d	t	w	c	e	i	n	t	u	r	e	é	d
l	j	a	n	t	e	q	l	c	o	l	l	a	n	t	s	h
i	u	a	n	o	s	i	a	n	i	b	m	o	c	w	o	p
a	s	w	r	ê	g	m	c	o	s	t	u	m	e	u	v	p
t	t	b	s	k	s	e	t	t	e	s	s	u	a	h	c	n

French

costume *[m]*
mouchoir *[m]*
gilet *[m]*
taille *[f]*
slip *[m]*
sandales *[fp]*
chaussettes *[fp]*
collants *[mp]*
jeans *[m]*
robe *[f]*
ceinture *[f]*
combinaison *[f]*
manteau *[m]*
casquette *[f]*

English

suit
handkerchief
waistcoat
size
briefs
sandals
socks
tights
jeans
jumper
belt
jumpsuit
overcoat
cap

Word Search #12 - Clothing

i	h	b	o	m	n	p	y	j	a	m	a	b	o	a	c	c
é	r	g	a	n	t	s	j	w	g	j	é	g	e	a	a	h
f	e	r	m	e	t	u	r	e	é	c	l	a	i	r	j	e
e	i	ê	f	ê	p	u	a	e	t	n	a	m	e	e	é	m
i	r	u	j	e	p	n	s	e	j	t	a	i	l	l	e	i
w	k	s	d	m	w	c	h	e	m	i	s	e	n	a	j	s
m	f	l	k	s	o	u	t	i	e	n	g	o	r	g	e	i
k	a	i	q	v	o	g	r	o	b	e	l	k	f	b	e	e
g	l	p	é	s	e	t	t	e	s	s	u	a	h	c	é	r
j	a	n	j	e	a	n	s	g	p	s	a	o	t	n	a	g

French

soutien-gorge *[m]*

jeans *[m]*

pyjama *[m]*

jupe *[f]*

taille *[f]*

slip *[m]*

robe *[f]*

chaussettes *[fp]*

fermeture-éclair *[f]*

manteau *[m]*

chemisier *[m]*

gant *[m]*

gants *[mp]*

chemise *[f]*

English

bra

jeans

pyjamas

skirt

size

briefs

jumper

socks

zip

overcoat

blouse

glove

gloves

shirt

Word Search #13 - Clothing

h	a	u	c	r	a	v	a	t	e	y	é	p	i	r	m	e
f	e	r	m	e	t	u	r	e	é	c	l	a	i	r	a	t
j	e	a	n	s	t	ê	c	o	h	c	s	r	r	e	n	t
d	y	u	n	s	a	b	p	c	c	l	e	a	i	p	t	e
k	g	o	h	m	h	a	i	h	h	y	l	p	o	g	e	p
g	o	i	a	m	c	s	p	e	a	g	a	l	n	c	a	o
p	r	j	i	f	f	k	t	m	p	a	d	u	g	f	u	l
t	y	n	o	b	p	e	h	i	e	n	n	i	i	q	h	a
p	p	c	q	d	t	t	ê	s	a	t	a	e	e	o	y	s
é	d	v	b	s	u	s	p	e	u	s	s	u	p	r	k	o

French

fermeture-éclair *[f]*
baskets *[fp]*
chapeau *[m]*
pyjama *[m]*
salopette *[f]*
cravate *[f]*
sandales *[fp]*
manteau *[m]*
jeans *[m]*
peignoir *[m]*
gants *[mp]*
parapluie *[m]*
chemise *[f]*
T-shirt *[m]*

English

zip
running shoes
hat
pyjamas
overalls
necktie
sandals
overcoat
jeans
dressing gown
gloves
umbrella
shirt
T-shirt

Word Search #14 - Clothing

```
w v t e d e u n o l a t n a p o u
r i p r e i u l p a r a p l i é u
é u k i t e l i g p p v t n a g é
j w i h s p a n t o u f l e s y é
s o u t i e n g o r g e n n t é l
r i a l c é e r u t e m r e f o s
b j m a i l l o t d e b a i n s h
c s n a e j d f n n a g i d r a c
v s o a v e s t e w c h e m i s e
i e t a v a r c é n r v v i r r g
```

French

fermeture-éclair *[f]*
parapluie *[m]*
veste *[f]*
jupe *[f]*
cardigan *[m]*
pantalon *[m]*
jeans *[m]*
cravate *[f]*
maillot de bain *[m]*
pantoufles *[fp]*
soutien-gorge *[m]*
gant *[m]*
gilet *[m]*
chemise *[f]*

English

zip
umbrella
jacket
skirt
cardigan
trousers
jeans
necktie
bathing suit
slippers
bra
glove
waistcoat
shirt

Word Search #15 - Clothing

n	r	n	o	e	u	d	p	a	p	i	l	l	o	n	h	c
v	o	j	e	u	a	e	p	a	h	c	d	s	w	e	s	c
f	s	b	k	j	e	k	o	p	c	u	l	t	w	v	n	n
b	o	a	v	e	t	ê	y	o	k	i	a	t	i	u	a	e
r	c	n	n	m	a	t	l	h	p	h	b	e	f	n	e	l
t	o	f	c	d	v	l	l	i	u	é	j	j	t	t	j	p
q	r	d	c	f	a	c	e	t	t	o	l	u	c	n	s	j
l	s	t	v	n	r	l	g	i	l	e	t	m	w	i	a	ê
m	e	h	t	v	c	g	e	c	a	r	d	i	g	a	n	m
v	t	s	t	é	ê	m	d	s	a	m	a	j	y	p	h	s

French

manteau *[m]*
culotte *[f]*
sandales *[fp]*
gilet *[m]*
jeans *[m]*
noeud papillon *[m]*
cravate *[f]*
cardigan *[m]*
corset *[m]*
collants *[mp]*
robe *[f]*
chapeau *[m]*
pyjama *[m]*
slip *[m]*

English

overcoat
knickers
sandals
waistcoat
jeans
bow tie
necktie
cardigan
corset
tights
jumper
hat
pyjamas
briefs

Word Search #16 - Colours

f	t	é	v	d	c	e	b	x	é	n	s	j	s	u	e	i
v	t	v	n	o	r	r	a	m	d	c	s	r	a	b	x	t
j	n	o	x	c	d	b	é	t	j	d	n	t	n	u	g	j
x	l	m	o	t	r	e	n	u	a	j	n	o	a	r	n	u
b	u	t	r	e	n	o	i	r	m	r	l	e	f	u	c	b
f	b	b	a	l	m	f	o	s	n	u	d	o	g	e	m	l
l	e	f	n	o	b	l	u	a	j	r	n	d	m	l	b	a
d	i	m	g	i	c	r	e	u	o	t	f	c	l	u	x	n
v	g	e	e	v	a	r	l	b	j	r	n	c	s	o	l	c
u	e	l	b	r	c	e	g	u	o	r	a	b	m	c	d	é

French

violet *[adj]*
foncé *[adj]*
noir *[adj]*
beige *[adj]*
blond *[adj]*
couleur *[f]*
bordeaux *[adj]*
bleu *[adj]*
blanc *[adj]*
marron *[adj]*
orange *[adj]*
jaune *[adj]*
rouge *[adj]*
vif *[adj]*

English

purple
dark
black
beige
blond
colour
maroon
blue
white
brown
orange
yellow
red
bright

Word Search #17 - Colours

```
g o é é j g l f a c g g v n j v é
b e g c d g g o b v f t i n s n i
c a u r n u g f n l j e u j s g f
r o e m i o i c c e o l e d j i b
i t u d a s f o n n c n g o v e e
o e m f r r u é e a m c d j x o e
n l x n v l r r o u l f a u v b g
f o b d e t d o v a i b c r i l u
m i u u t r e v n e s o r g b e o
e v r n o a o r a n g e a r g u r
```

French	English
bleu *[adj]*	blue
vif *[adj]*	bright
blanc *[adj]*	white
orange *[adj]*	orange
gris *[adj]*	grey
couleur *[f]*	colour
blond *[adj]*	blond
foncé *[adj]*	dark
noir *[adj]*	black
vert *[adj]*	green
marron *[adj]*	brown
rose *[adj]*	pink
rouge *[adj]*	red
violet *[adj]*	purple

Word Search #18 - Colours

```
r u e l u o c a x f v n u x e s m
s s f s j l e r v i e x x u e o l
f i n d t s i x f e f s u a n n b
i u d b a o é e g u o r s e n s b
r n m e n x l n i b m m s d i c s
r o a i é g a x x j u b u r l é g
r g r g v r i i g l a e g o o n t
j d r e o l e i u d l u c b o s t
i f o u d s r n m b é c n o f f e
o u n u f t é r c v i o l e t o b
```

French
beige *[adj]*
noir *[adj]*
jaune *[adj]*
rouge *[adj]*
rose *[adj]*
orange *[adj]*
bordeaux *[adj]*
gris *[adj]*
violet *[adj]*
bleu *[adj]*
couleur *[f]*
marron *[adj]*
vif *[adj]*
foncé *[adj]*

English
beige
black
yellow
red
pink
orange
maroon
grey
purple
blue
colour
brown
bright
dark

Word Search #19 - Colours

```
x u a e d r o b m f l e v x f o t
e c c d s b l a n c v e i g r u v
u g e m b b l e u l i j f a o i f
r v b u a v g u d e o d n e d a c
x u v m c v f s a j l g d g d r n
r s e e f g b f s x e v o i b f o
f i r l r l b g i r t t e r o r
e l o u u t t l r v g x i b o n r
f c e n x o i t g t t m a t s c a
e é l n l é c f b g i m d d e é m
```

French

vert *[adj]*
bleu *[adj]*
gris *[adj]*
rose *[adj]*
violet *[adj]*
couleur *[f]*
bordeaux *[adj]*
foncé *[adj]*
noir *[adj]*
vif *[adj]*
orange *[adj]*
beige *[adj]*
marron *[adj]*
blanc *[adj]*

English

green
blue
grey
pink
purple
colour
maroon
dark
black
bright
orange
beige
brown
white

Word Search #20 - Colours

```
a x x e e é c r i o n s l f n m d
c x d x n u m a t l m f é x a b v
o o e r u f o n c é i f r s d j r
v r u e a n u f s v f g r x m b t
e g a l j b s x u a e d r o b a t
r o b n e v f s o g d j m e s o r
t v l g g u c b é r n r o u g e x
u v a r n e r m l i o o x f c j a
c f n g j o b t r s l a b m a i u
t o c n e g i e b g b v j é o n s
```

French

rouge *[adj]*
foncé *[adj]*
bordeaux *[adj]*
orange *[adj]*
vif *[adj]*
jaune *[adj]*
couleur *[f]*
rose *[adj]*
beige *[adj]*
blond *[adj]*
noir *[adj]*
vert *[adj]*
blanc *[adj]*
gris *[adj]*

English

red
dark
maroon
orange
bright
yellow
colour
pink
beige
blond
black
green
white
grey

Word Search #21 - Days, Months, Seasons

```
e r v e n d r e d i i e e h s n t
c r i d r a m s a i s o n j e v j
r e v i h j é c r f c û m p p a u
u n l c e r h v e v n t o e t j i
o e i u l i d u i s r i t b e r l
s b d o e j b û r b u l u a m u l
i i s e j f b l v d o d a j b b e
m c m l h m t e é û j l o o r e t
i m o i s m p u f a t i p o e b e
d f l f i r n o v e m b r e i a n
```

French	English
mois *[m]*	month
septembre *[m]*	September
hiver *[m]*	winter
février *[m]*	February
juillet *[m]*	July
jeudi *[m]*	Thursday
mardi *[m]*	Tuesday
vendredi *[m]*	Friday
juin *[m]*	June
saison *[f]*	season
source *[f]*	spring
jour *[m]*	day
novembre *[m]*	November
automne *[m]*	autumn

Word Search #22 - Days, Months, Seasons

e	r	b	m	e	v	o	n	p	û	f	t	m	p	i	s	e
t	t	n	e	r	b	m	e	t	p	e	s	e	d	û	a	h
j	a	j	û	j	m	o	i	d	r	é	i	m	j	j	m	c
u	d	a	e	u	é	i	v	d	h	a	a	é	t	a	e	n
i	v	h	u	j	i	s	i	é	e	f	v	c	a	n	d	a
l	i	m	u	t	l	t	û	o	a	r	f	r	f	v	i	m
l	h	t	a	d	o	h	o	v	é	û	d	h	s	i	d	i
e	n	u	p	r	é	m	é	r	s	a	h	n	u	e	n	d
t	r	c	u	b	s	t	n	r	e	v	i	h	e	r	u	j
a	c	c	v	p	l	t	é	e	t	j	t	û	v	v	l	u

French

mois *[m]*
septembre *[m]*
automne *[m]*
samedi *[m]*
novembre *[m]*
mars *[m]*
dimanche *[m]*
août *[m]*
hiver *[m]*
été *[m]*
vendredi *[m]*
janvier *[m]*
juillet *[m]*
lundi *[m]*

English

month
September
autumn
Saturday
November
March
Sunday
August
winter
summer
Friday
January
July
Monday

Word Search #23 - Days, Months, Seasons

```
r j u i l l e t é s u o r i r v o
i l e j s f e l n e s i d r a m û
û h p n i v c b o p o v o b j j û
j s h a f t h e v t u h é m i a é
m s d j o u r c e e r m f p v r s
b e a p j u f a m m c l û r u d a
l s é i t e n a b b e o i h c t m
m f r t s v u n r r f l p r p d e
b r d a é o i d e e r b m e c é d
v d û i m o n f i o c t o b r e i
```

French
novembre *[m]*
source *[f]*
samedi *[m]*
juillet *[m]*
mars *[m]*
jeudi *[m]*
avril *[m]*
décembre *[m]*
octobre *[m]*
saison *[f]*
mardi *[m]*
septembre *[m]*
été *[m]*
jour *[m]*

English
November
spring
Saturday
July
March
Thursday
April
December
October
season
Tuesday
September
summer
day

Word Search #24 - Days, Months, Seasons

```
r c t û o a b û u e i b i û p n m
u i d e m a s e h f s m j e m o a
o h s f j n a c v i e f p f o v r
j c p v m a n v r d p m l i i e d
c v t n o a n c e n t s a i s m i
n s t o m f é v v u e j a i s b p
f h f i b t v m i l m o u i d r n
s d d d h r o m h e b n û l s e e
i m h l e û e i d e r c r e m o é
r u r c o u a d o t e o s p l f n
```

French

dimanche *[m]*

lundi *[m]*

hiver *[m]*

septembre *[m]*

saison *[f]*

octobre *[m]*

mercredi *[m]*

novembre *[m]*

mai *[m]*

janvier *[m]*

mois *[m]*

samedi *[m]*

mardi *[m]*

août *[m]*

English

Sunday

Monday

winter

September

season

October

Wednesday

November

May

January

month

Saturday

Tuesday

August

Word Search #25 - Days, Months, Seasons

û	d	j	a	t	s	e	r	b	m	e	t	p	e	s	f	r
d	l	f	c	h	v	é	û	n	é	a	û	m	é	s	l	d
é	r	é	v	d	e	e	o	m	u	c	j	û	d	i	j	h
c	p	f	s	b	i	v	n	t	b	u	f	p	t	o	e	h
e	a	é	n	r	e	m	o	d	i	m	a	r	s	m	u	t
m	i	l	i	m	é	m	a	l	r	t	p	j	j	i	d	c
b	a	i	b	v	n	m	l	n	p	e	f	e	d	l	i	e
r	a	r	û	e	m	e	h	c	c	é	d	n	e	v	i	h
e	e	h	u	a	t	l	f	s	l	h	u	i	h	r	e	n
h	v	n	i	u	j	r	û	l	e	l	e	m	f	é	t	é

French

juin *[m]*

mai *[m]*

vendredi *[m]*

dimanche *[m]*

juillet *[m]*

mois *[m]*

septembre *[m]*

automne *[m]*

mars *[m]*

novembre *[m]*

décembre *[m]*

jeudi *[m]*

lundi *[m]*

été *[m]*

English

June

May

Friday

Sunday

July

month

September

autumn

March

November

December

Thursday

Monday

summer

Word Search #26 - Family

l	r	u	e	o	s	e	l	l	e	b	m	g	d	r	a	i
m	f	s	r	é	g	u	è	d	e	m	i	f	r	è	r	e
s	d	b	s	g	r	e	r	è	p	u	a	e	b	e	p	é
l	n	e	t	n	a	p	a	p	f	i	l	l	e	p	d	i
e	d	a	n	b	n	e	m	d	a	e	e	è	o	l	o	t
v	r	u	e	g	d	m	a	c	e	u	t	n	n	b	l	v
d	g	f	r	v	m	a	r	é	a	o	n	e	c	e	o	r
s	é	i	a	r	è	m	i	p	é	é	a	v	l	r	d	b
s	m	l	p	m	r	a	é	e	i	r	t	e	e	è	n	è
t	l	s	u	g	e	n	e	i	é	f	d	u	o	p	s	v

French

mariée *[f]*
parents *[mp]*
belle-soeur *[f]*
demi-frère *[m]*
neveu *[m]*
beau-père *[m]*
fille *[f]*
maman *[f]*
oncle *[m]*
grand-mère *[f]*
tante *[f]*
père *[m]*
beau-fils *[m]*
papa *[m]*

English

bride
relatives
stepsister
stepbrother
nephew
stepfather
daughter
mum
uncle
grandmother
aunt
father
stepson
dad

Word Search #27 - Family

a	o	t	m	e	d	s	v	e	s	o	e	u	r	p	l	s
g	u	n	e	n	m	a	r	i	t	c	m	c	a	è	é	l
r	f	v	c	n	a	m	a	m	i	r	o	a	s	r	t	v
a	a	s	l	l	è	c	p	d	i	n	i	u	o	e	é	m
n	m	t	p	b	e	a	u	f	i	l	s	v	s	c	t	r
d	i	n	s	é	e	r	è	m	e	l	l	e	b	i	c	a
m	l	e	p	u	n	i	c	l	r	l	g	f	c	t	n	e
è	l	r	o	b	e	l	l	e	s	o	e	u	r	u	p	l
r	e	a	r	i	m	a	r	i	é	e	c	s	a	p	é	o
e	a	p	r	s	b	e	l	l	i	f	e	l	l	e	b	d

French

belle-mère *[f]*
père *[m]*
soeur *[f]*
mari *[m]*
oncle *[m]*
cousin *[m]*
famille *[f]*
mariée *[f]*
maman *[f]*
belle-soeur *[f]*
parents *[mp]*
grand-mère *[f]*
belle-fille *[f]*
beau-fils *[m]*

English

stepmother
father
sister
husband
uncle
cousin
family
bride
mum
stepsister
parent
grandmother
stepdaughter
stepson

Word Search #28 - Family

```
f b n e é v l c g b e a u p è r e
i e u i p t e l m e l v f n l è e
l a v t s r g p l c è p a p a e l
l u p s è u p i b m b a c é è e c
e f e p o o o d é a g m a r i c n
b i a m b e v c n c è d e a e g o
n l o t é t u i e r è p d n a r g
p s u r o a è r e c g u e v e n f
é s m e o c s t n e r a p e s d n
v u u a e m s v u u a s l e i l l
```

French	English
parents *[mp]*	parent
père *[m]*	father
neveu *[m]*	nephew
nièce *[f]*	niece
grand-père *[m]*	grandfather
papa *[m]*	dad
soeur *[f]*	sister
beau-père *[m]*	stepfather
oncle *[m]*	uncle
fille *[f]*	daughter
mari *[m]*	husband
cousin *[m]*	cousin
beau-fils *[m]*	stepson
mère *[f]*	mother

Word Search #29 - Family

```
é f a m i l l e p e p e s b m r a
d e r p s b o b s r p e m u v d v
f r c c l e b e c è l d s t s g o
c è r m i l d a g m l è v u c u o
n r n a f l o u e d g g s u o m p
i f é r e e r p r n s o e u r p i
s g a i l m b è r a m è b r m o é
u o d é l è g r i r i r a m è p i
o d s e i r o e t g b è c e f m é
c d r c f e l s d p a r e n t s e
```

French   **English**
belle-mère *[f]*   stepmother
grand-mère *[f]*   grandmother
mariée *[f]*   bride
mari *[m]*   husband
épouse *[f]*   wife
fils *[m]*   son
soeur *[f]*   sister
famille *[f]*   family
parents *[mp]*   parent
mère *[f]*   mother
cousin *[m]*   cousin
beau-père *[m]*   stepfather
frère *[m]*   brother
fille *[f]*   daughter

Word Search #30 - Family

```
l o f e n r u e o s e l l e b b u
e f d c l i p d e m i f r è r e e
b m r s d l è o n c l e e b b o é
u r s r m i i c l e t r b f f p r
e u p d é a è m e s è p e i a a m
v e e s t s m e a p e e l r b l a
e o f r i n n a u f t l e é b o r
n s è l è g g a n n e n o o é t i
f c f a s p e e a a t i d i n b é
s a f m o b è t f s p è p i g s e
```

French	English
mariée *[f]*	bride
famille *[f]*	family
demi-frère *[m]*	stepbrother
beau-père *[m]*	stepfather
fille *[f]*	daughter
père *[m]*	father
tante *[f]*	aunt
parents *[mp]*	parent
belle-soeur *[f]*	stepsister
soeur *[f]*	sister
neveu *[m]*	nephew
nièce *[f]*	niece
maman *[f]*	mum
oncle *[m]*	uncle

Word Search #31 - Numbers

```
a g v u l r o e z i e r t m n m o
u l h f t d a s t n e c f u e n s
a o n z e é e m t n h s i i h l f
z d s m o z i c m n t v e u o l e
q p n v n l c a d c e r l i é u r
u h t i l x e r l v z c o q z c b
e g u e z r o t a u q é x i e e m
b q e c i n q u a n t e a i s q o
o é m h u i t c e n t s d q s s n
o r é z q u n m i l l i a r d h h
```

French

seize *[num]*

cinquante *[num]*

six cents *[num]*

un milliard *[num]*

quatorze *[num]*

nombre *[m]*

quinze *[num]*

neuf cents *[num]*

onze *[num]*

trois *[num]*

zéro *[num]*

huit cents *[num]*

treize *[num]*

mille *[num]*

English

sixteen

fifty

six hundred

one billion

fourteen

number

fifteen

nine hundred

eleven

three

zero

eight hundred

thirteen

one thousand

Word Search #32 - Numbers

l	v	u	v	h	o	s	x	u	n	p	é	r	n	u	é	x
p	c	n	n	r	n	t	v	p	f	f	o	b	v	a	d	u
l	e	b	é	i	t	n	o	g	u	m	q	f	e	l	e	e
d	q	z	e	é	z	e	o	e	r	g	u	o	e	r	t	d
x	p	n	u	s	a	c	n	e	i	h	a	z	z	f	n	e
g	x	e	i	o	p	t	f	a	d	s	t	h	i	i	e	r
t	q	h	c	c	d	p	b	l	i	e	r	o	e	u	r	b
a	l	g	n	i	m	e	l	x	x	t	e	a	s	q	t	m
e	o	v	u	p	s	s	t	n	e	c	t	i	u	h	r	o
h	v	m	i	l	l	e	n	d	b	é	p	s	l	q	i	n

French

neuf *[num]*

huit cents *[num]*

zéro *[num]*

douze *[num]*

trente *[num]*

mille *[num]*

dix *[num]*

sept cents *[num]*

quatre *[num]*

cinq *[num]*

nombre *[m]*

deux *[num]*

seize *[num]*

un *[num]*

English

nine

eight hundred

zero

twelve

thirty

one thousand

ten

seven hundred

four

five

number

two

sixteen

one

Word Search #33 - Numbers

```
h  s  t  n  e  c  e  r  t  a  u  q  u  c  n  a  r
c  h  x  s  r  s  t  n  e  c  t  i  u  h  u  n  z
i  d  c  o  c  e  z  n  o  i  p  f  t  b  é  z  u
n  e  t  n  a  u  q  n  i  c  q  t  z  f  b  i  x
q  a  r  e  p  x  i  s  m  h  u  l  g  c  b  u  q
c  b  o  f  u  e  n  x  i  d  a  p  m  n  e  v  é
e  a  t  r  o  i  s  c  e  n  t  s  g  d  i  u  c
n  z  q  c  a  l  i  é  b  p  r  x  t  l  x  v  b
t  n  m  x  n  h  é  h  q  r  e  t  p  e  s  é  q
s  e  t  n  a  r  a  u  q  m  a  o  h  u  p  s  h
```

French	English
quatre *[num]*	four
cinq cents *[num]*	five hundred
quatre cents *[num]*	four hundred
trois cents *[num]*	three hundred
huit cents *[num]*	eight hundred
un *[num]*	one
sept *[num]*	seven
deux *[num]*	two
vingt *[num]*	twenty
cinquante *[num]*	fifty
quarante *[num]*	forty
six *[num]*	six
dix-neuf *[num]*	nineteen
onze *[num]*	eleven

Word Search #34 - Numbers

```
e i s o t n x d z v r f t e i n p
s e t s r x n r s u v q h s c o o
i t n t o e e a o s e z i e s i g
x n e r i o u i i n o g d u e l é
c a c o s s f l x o h z i f z l a
e u q i c s c l a m t c x n i i q
n q n s e t e i n b i i n a e m p
t n i e n n n m t r q t e l r n i
s i c q t e t n e e c é u g t u z
g c d t s c s u m p d n f o e d a
```

French

soixante *[num]*
un milliard *[num]*
six cents *[num]*
nombre *[m]*
treize *[num]*
cinq cents *[num]*
un million *[num]*
trois cents *[num]*
neuf cents *[num]*
cent *[num]*
cinquante *[num]*
dix-neuf *[num]*
trois *[num]*
seize *[num]*

English

sixty
one billion
six hundred
number
thirteen
five hundred
one million
three hundred
nine hundred
one hundred
fifty
nineteen
three
sixteen

Word Search #35 - Numbers

```
u a z x i d e t n a x i o s o f d
n z e q d e u x c e n t s x é z a
m l t é s m s t n e c s i o r t v
i v n z e e e r m i l l e e q v d
l q a s i r z f g d m g l z e m v
l é r e z t i u a r d d l z b u b
i d a x e a e e m n z c n p p r l
a x u g é u r n x c m i e x f n u
r e q c r q t q i n u u z d b h u
d x t p e s x i d q z v s l x v z
```

French

treize *[num]*
quinze *[num]*
neuf *[num]*
seize *[num]*
deux cents *[num]*
dix-sept *[num]*
soixante-dix *[num]*
mille *[num]*
dix *[num]*
trois cents *[num]*
un milliard *[num]*
deux *[num]*
quarante *[num]*
quatre *[num]*

English

thirteen
fifteen
nine
sixteen
two hundred
seventeen
seventy
one thousand
ten
three hundred
one billion
two
forty
four

Word Search #36 - Parts of the Body

t	f	p	v	m	i	e	y	z	c	a	d	e	f	a	n	v
b	r	s	e	l	a	d	g	y	m	a	l	â	ô	p	t	i
z	o	z	y	j	â	d	e	è	e	u	i	b	e	e	o	s
n	n	y	è	l	x	v	g	s	a	t	l	f	p	i	h	a
e	t	a	u	è	ê	t	f	p	s	h	ê	l	ê	s	a	g
g	l	f	s	v	l	é	é	z	n	i	z	t	y	s	n	e
r	b	i	a	r	m	h	a	i	é	é	u	l	o	e	c	x
o	h	p	e	e	v	b	â	m	l	p	i	c	a	v	h	d
g	è	ê	h	o	j	a	m	b	e	c	é	d	â	b	e	ô
a	v	n	j	y	j	ô	f	é	v	g	e	n	o	u	f	n

French

vessie *[f]*
gorge *[f]*
épaule *[f]*
hanche *[f]*
lèvre *[f]*
jambe *[f]*
visage *[m]*
front *[m]*
cuisse *[f]*
oeil *[m]*
genou *[m]*
tête *[f]*
cil *[m]*
amygdales *[fp]*

English

bladder
throat
shoulder
hip
lip
leg
face
forehead
thigh
eye
knee
head
eyelash
tonsils

Word Search #37 - Parts of the Body

s	h	p	o	u	m	o	n	g	a	o	l	v	ê	p	o	â
d	u	d	l	i	c	r	u	o	s	d	è	e	x	n	e	x
e	h	c	a	t	s	u	o	m	j	z	v	i	p	j	i	j
p	a	u	p	i	è	r	e	l	x	l	r	n	a	â	l	e
ô	e	ê	o	n	b	d	f	d	e	a	e	e	z	s	g	h
e	s	ê	b	j	i	è	è	r	c	n	z	x	z	o	n	c
é	s	j	a	b	â	e	p	s	u	g	r	t	n	e	d	n
m	i	é	g	h	a	ô	r	i	o	u	d	â	c	è	x	a
o	u	o	t	n	o	r	f	f	p	e	a	n	v	y	a	h
r	c	z	o	j	b	a	x	f	â	f	ô	l	a	z	l	ê

French

rein *[m]*

paupière *[f]*

front *[m]*

dent *[f]*

sourcil *[m]*

langue *[f]*

lèvre *[f]*

moustache *[f]*

hanche *[f]*

cuisse *[f]*

poumon *[m]*

oeil *[m]*

pouce *[m]*

veine *[f]*

English

kidney

eyelid

forehead

tooth

eyebrow

tongue

lip

moustache

hip

thigh

lung

eye

thumb

vein

Word Search #38 - Parts of the Body

e	u	i	d	r	d	o	i	g	t	d	e	d	c	y	ô	a
o	r	u	e	s	s	u	o	r	e	d	s	e	h	c	a	t
p	è	p	i	f	o	j	y	j	x	v	p	n	i	e	r	u
i	v	e	f	v	d	t	a	i	l	l	e	s	e	t	e	i
p	r	a	f	v	ê	â	e	i	o	f	r	n	è	j	e	s
v	é	u	ê	r	é	j	v	i	s	a	g	e	ê	u	b	p
e	f	p	l	g	e	y	i	m	d	f	g	m	x	b	m	m
i	j	m	n	t	e	n	m	o	e	h	c	n	a	h	a	d
n	d	a	l	p	p	p	o	u	m	o	n	d	x	u	j	â
e	l	a	r	b	é	t	r	e	v	e	n	n	o	l	o	c

French

jambe *[f]*

taches de rousseur *[fp]*

colonne vertébrale *[f]*

hanche *[f]*

poumon *[m]*

taille *[f]*

dos *[m]*

peau *[f]*

foie *[m]*

nerf *[m]*

veine *[f]*

visage *[m]*

doigt *[m]*

rein *[m]*

English

leg

freckles

backbone

hip

lung

waist

back

skin

liver

nerve

vein

face

finger

kidney

Word Search #39 - Parts of the Body

```
l z o e b è u d g e n o u é f e ô
e l m r t e c i d n e p p a â f è
c n é i u n ê x ô é x a v d ê â p
u h d o ê a e x c h e v e u x j o
o c m h s g ê d v n p v j o ê é i
p a u c c a r t o v f n r e i n g
t f y â è z r t ô d o n g l e o n
c i l m u z c b e b r a b a x s e
â z a è i b â n g d a â c ô b c t
f s e l a d g y m a t ô v é n d x
```

French

barbe *[f]*
mâchoire *[f]*
appendice *[m]*
rein *[m]*
cheveux *[mp]*
os *[m]*
dent *[f]*
ongle *[m]*
poignet *[m]*
bras *[m]*
genou *[m]*
pouce *[m]*
amygdales *[fp]*
cil *[m]*

English

beard
jaw
appendix
kidney
hair
bone
tooth
fingernail
wrist
arm
knee
thumb
tonsils
eyelash

Word Search #40 - Parts of the Body

t	a	i	l	l	e	è	f	ê	j	x	z	e	ê	t	l	ê
m	g	â	d	h	b	é	p	a	u	l	e	i	u	è	v	j
c	o	p	o	u	m	o	n	â	j	u	e	â	v	m	m	v
u	é	u	v	h	u	n	e	d	u	o	c	r	é	c	n	i
i	v	ê	s	m	h	o	c	n	é	c	e	f	d	h	b	s
s	m	v	ô	t	u	e	r	i	o	h	c	â	m	l	r	a
s	m	g	e	s	a	s	é	e	u	t	d	j	v	u	a	g
e	h	b	t	f	x	c	c	i	z	p	n	z	d	p	s	e
j	a	m	b	e	f	x	h	l	r	v	è	e	l	d	s	n
m	b	x	s	y	d	p	g	e	e	ô	d	é	m	d	y	r

French

taille *[f]*
muscle *[m]*
cou *[m]*
menton *[m]*
bras *[m]*
coude *[m]*
poumon *[m]*
mâchoire *[f]*
visage *[m]*
jambe *[f]*
lèvre *[f]*
cuisse *[f]*
moustache *[f]*
épaule *[f]*

English

waist
muscle
neck
chin
arm
elbow
lung
jaw
face
leg
lip
thigh
moustache
shoulder

Welcome to the Word Scramble section!

For each category, there are 5 puzzles, and each puzzle has 7 word scrambles.

You must rearrange the letters of each scramble to get the correct word.

There is a place under each scramble to write your answer.

Spaces and hyphens are in their proper places already.

Word Scramble #1 - Animals

1) a a i e r b l u
   blaireau

2) o c c r o d e l i
   crocodile

3) t o t r u e
   tortue

4) e a r g i f
   girafe

5) l a a m
   lama

6) o s u r i s
   souris

7) o h c c n o
   cochon

Word Scramble #2 - Animals

1) i o l n

   lion

2) o a c r s t

   _____

3) u o p l

   loup

4) e c i n h

   _____

5) r p e a t h è n

   _____

6) o i l e i f r l u m

   _____

7) a o g r t l i l a

   _____

Word Scramble #3 - Animals

1) p c p r - é o i c
   porc - épic

2) d é r o a l p

3) i g t e r
   tigre

4) r s i o s u
   souris

5) r e a a i u l b
   blaireau

6) j u a r a g
   jaguar

7) h a e v c
   vache

Word Scramble #4 - Animals

1) c o r é - i c p p

   _____

2) u a t t o

   _____

3) h e n è y

   _____

4) l a d o r é p

   _____

5) a a t m i

   _____

6) r c f e

   _____

7) g i s e n

   _____

Word Scramble #5 - Animals

1) t m a i a

   _____

2) g i r o l l e

   _____

3) b n a u b o i

   _____

4) i r e g t

   _____

5) o l u p

   _____

6) n t u o m o

   _____

7) l e r l g e n u o i

   _____

Word Scramble #6 - Around the House

1) o d t e a   e o   d s p r i
   _____

2) a s v e
   vase
   _____

3) c a e à v m e   a   i h l r n
   _____

4) e n t é l u c g r a o
   _____

5) o s m n a i
   maison
   _____

6) e r e r v
   verre
   _____

7) a c p a é n
   _____

Word Scramble #7 - Around the House

1) lec epuosbla

_____

2) ttio

_____

3) saue

_____

4) talp

_____

5) rueupnterirt

_____

6) evoceruurt

_____

7) pêloe

_____

Word Scramble #8 - Around the House

1) i e l a r e s c

   _____

2) c r n e d e r i

   _____

3) e t s i a t s e

   _____

4) r h o e o g l

   _____

5) e h e i c - g s è l n

   _____

6) a m g i e

   _____

7) r v e r e

   _____

Word Scramble #9 - Around the House

1) u o e l e p l b

   _____

2) p e o r i l l f e u t e

   _____

3) l e m e d   e p   p a c o h

   _____

4) d e r r n c e i

   _____

5) v r e r e

   _____

6) h t e t f e o r u c

   _____

7) e o î b t

   _____

Word Scramble #10 - Around the House

1) i è t l u i e q h b b o

   _____

2) p d a r

   _____

3) t a s i p

   _____

4) l e e r s c a i

   _____

5) t v e c e u r u o r

   _____

6) t a b l a e u

   _____

7) i e v r t e s t e

   _____

Word Scramble #11 - Clothing

1) b i i k i n
   bikini

2) o h i r u m c o
   _____

3) a n t g s
   _____

4) c h e m i s e
   chemise

5) n l o t c l s a
   _____

6) e e m r c r e u f - t a r l é i
   _____

7) i p l s
   _____

Word Scramble #12 - Clothing

1) b l t i d l a a n i m o e
   _____

2) e p j u
   _jupe_____

3) e e t s o t p a l
   _____

4) t e g l i
   _gilet_____

5) s e j n a
   _jeans_____

6) g t a n
   _____

7) u i c m r o h o
   _____

Word Scramble #13 - Clothing

1) e o c t r s

   _____

2) i a r e p l a u p

   _____

3) m n e a u a t

   _____

4) t r é e m e r u l - c i e r a f

   _____

5) l n a n t p o a

   _____

6) t p s e a l o e t

   _____

7) c s i r m e i h e

   _____

Word Scramble #14 - Clothing

1) t l a p a n o n

___

2) a k t e b s s

___

3) g a t n

___

4) o s c e u t m

___

5) s c m e i h e

___

6) n l l c a t o s

___

7) e l m l b t d a o i n a i

___

Word Scramble #15 - Clothing

1) o e b r

   robe

2) f s u p e a o l t n

   _____

3) o o m h u i c r

   _____

4) c u a t q s e t e

   _____

5) é s r a u h s n u c   a e   e n d o r s n e d

   _____

6) n k i i b i

   _____

7) s s a b k t e

   _____

Word Scramble #16 - Colours

1) o r s e
   rose

2) e d o b u r x a
   bordeaux

3) l o i e t v
   violet

4) l e u b
   bleu

5) g o r n e a
   orange

6) e u a j n
   jaune

7) a l n c b
   blanc

Word Scramble #17 - Colours

1) e b l u

   bleu

2) j n u e a

   jaune

3) n g a e o r

   orange

4) f v i

   _____

5) u o e r g

   rouge

6) b r o e d x u a

   bordeaux

7) i g e b e

   beige

Word Scramble #18 - Colours

1) g i e b e

   beige

2) v i f

   _____

3) g i r s

   gris

4) o e u a x d b r

   bordeaux

5) e n j a u

   jaune

6) v e r t

   vert

7) n o a r r m

   marron

Word Scramble #19 - Colours

1) e d o x u r a b
   bordeaux

2) r g u o e
   rouge

3) l b u e
   bleu

4) v t e r
   vert

5) i o r n
   noir

6) f i v

7) n b c a l
   blanc

Word Scramble #20 - Colours

1) l b n c a

2) e g b i e

3) c u l e u r o

4) n r a e g o

5) l b u e

6) s r g i

7) v i f

Word Scramble #21 - Days, Months, Seasons

1) d m i n c a e h

   dimanche

2) t o a û

   août

3) i a m

   mai

4) r m a s

   mars

5) l r v a i

   avril

6) d e r e d n i v

   vendredi

7) h e r v i

   hiver

Word Scramble #22 - Days, Months, Seasons

1) a i m

    mai

2) a d e m i s

    samedi

3) m i e d c n a h

    dimanche

4) j u e l t l i

    juillet

5) i e r h v

    hiver

6) r o e c u s

7) s a i n s o

    saison

Word Scramble #23 - Days, Months, Seasons

1) n j u i

   juin

2) i e d j u

   jeudi

3) m s o i

   mois

4) m a i

   mai

5) r i v h e

   hiver

6) r c u e s o

7) u j l e i t l

   juillet

Word Scramble #24 - Days, Months, Seasons

1) o r m e e v n b

   _____

2) a m r s

   _____

3) c r s u e o

   _____

4) d v e d e i r n

   _____

5) v i r e h

   _____

6) m i a

   _____

7) a i e n v r j

   _____

Word Scramble #25 - Days, Months, Seasons

1) u n l i d

   _____

2) a m i

   _____

3) s n i a o s

   _____

4) j i n u

   _____

5) a m i d c h e n

   _____

6) u o m n e t a

   _____

7) r i m d a

   _____

Word Scramble #26 - Family

1) b s e f - a l u i

_____

2) p a a p

_____

3) t n a t e

_____

4) i n s u c o

_____

5) g n r e m - a è d r

_____

6) e r m è - r d f e i

_____

7) r p è e

_____

Word Scramble #27 - Family

1) e a r é i m

   _____

2) u l e e e - l b o r s

   _____

3) é e u o s p

   _____

4) è e c i n

   _____

5) i l e l f

   _____

6) m n a a m

   _____

7) a p a p

   _____

Word Scramble #28 - Family

1) l i e l f

___

2) e f r r è

___

3) s t l f i - t i e p

___

4) e i b u - a f l s

___

5) p a s t e r n

___

6) c i è n e

___

7) r s e u o

___

Word Scramble #29 - Family

1) u a s e - l f b i

_____

2) e u v n e

_____

3) e l l e e - l b f l i

_____

4) r a i m

_____

5) i l f e l

_____

6) a n t e t

_____

7) è e f r r

_____

Word Scramble #30 - Family

1) e u o s r

___

2) n v e e u

___

3) o c e n l

___

4) l s f i

___

5) g n d a r - e r p è

___

6) m r l l e - e b è e

___

7) f e r r è

___

Word Scramble #31 - Numbers

1) e i e s z

___

2) d x u e

___

3) é z r o

___

4) e r z t e i

___

5) d p s - i e x t

___

6) s t n x i d i x - o e a

___

7) t s u c   t i h n e

___

Word Scramble #32 - Numbers

1) t i o r s

___

2) s e t i t n o s r c

___

3) e t t e n r

___

4) n c e n s t u e f

___

5) c t e n

___

6) u f e n

___

7) a l l n d r i u m i

___

Word Scramble #33 - Numbers

1) a t r q e u

   _____

2) z o é r

   _____

3) a e i s t x o n

   _____

4) i o n i l u n l m

   _____

5) e z r t i e

   _____

6) n u

   _____

7) m l i e l

   _____

Word Scramble #34 - Numbers

1) i t o r s

___

2) u n e f e s n t c

___

3) i u e - x n d f

___

4) d i x

___

5) d e x u

___

6) e m i l l

___

7) u t n i e q - r v a t s g

___

Word Scramble #35 - Numbers

1) n s e t s   o t r c i

   _____

2) e s q n r e   c t u a t

   _____

3) z r t e a u o q

   _____

4) d e o z u

   _____

5) u x d e

   _____

6) q a u t e r

   _____

7) l u   m n o l n i i

   _____

Word Scramble #36 - Parts of the Body

1) u n o e g

_____

2) r t e e v n

_____

3) i e p d

_____

4) b l e e o r é   e r v n c t n l a o

_____

5) c u o d e

_____

6) i n s e

_____

7) v r u e e c a

_____

Word Scramble #37 - Parts of the Body

1) n d a e l g
   _____

2) é l u p a e
   _____

3) i o n g p
   _____

4) a r b s
   _____

5) e c r v u e a
   _____

6) i s i r
   _____

7) p e d c n p a i e
   _____

Word Scramble #38 - Parts of the Body

1) i o l e

___

2) o s

___

3) t d n e

___

4) a i t l l e

___

5) l c t a o n i a r t i u

___

6) s r o d u r   e e   u s a t s h e c

___

7) p è u i p a r e

___

Word Scramble #39 - Parts of the Body

1) l s e m c u

___

2) c s r a d p t   e u   i o r s p

___

3) g u n e o

___

4) i s p d e

___

5) e z n

___

6) p c r o s

___

7) e r h c m o i â

___

Word Scramble #40 - Parts of the Body

1) e n u l a g

   _____

2) a e d a m l y g s

   _____

3) s g a n

   _____

4) a o i u r l t c i a t n

   _____

5) a l t l i e

   _____

6) l a u n i o r t t a c i

   _____

7) a c v e u r e

   _____

Welcome to the Word Quizzes section!

For each category, there are 5 quizzes, and each quiz has 10 questions.

You must choose the best match for the word given.

Word Quiz #1 - Animals
Choose the best English word to match the French word.

1) renard
 a) armadillo
 b) fox
 c) bear
 d) kangaroo

2) lynx
 a) lynx
 b) cow
 c) toad
 d) rat

3) âne
 a) donkey
 b) cow
 c) deer
 d) gorilla

4) mule
 a) lamb
 b) badger
 c) bear
 d) mule

5) koala
 a) koala
 b) donkey
 c) zebra
 d) dog

6) oryctérope du Cap
 a) animal
 b) aardvark
 c) bull
 d) rabbit

7) cerf
 a) lynx
 b) deer
 c) sheep
 d) anteater

8) gazelle
 a) gazelle
 b) horse
 c) frog
 d) sheep

9) panthère
 a) panther
 b) wolf
 c) anteater
 d) beaver

10) guépard
 a) buffalo
 b) cheetah
 c) deer
 d) toad

Word Quiz #2 - Animals

Choose the best English word to match the French word.

1) couguar
 a) lynx
 b) cougar
 c) donkey
 d) goat

2) panthère
 a) alligator
 b) zebra
 c) mouse
 d) panther

3) chameau
 a) donkey
 b) bobcat
 c) camel
 d) zebra

4) oryctérope du Cap
 a) gazelle
 b) bull
 c) giraffe
 d) aardvark

5) mouton
 a) hippopotamus
 b) rhinoceros
 c) bobcat
 d) sheep

6) lynx
 a) lynx
 b) toad
 c) horse
 d) monkey

7) blaireau
 a) rat
 b) lion
 c) badger
 d) animal

8) vache
 a) cow
 b) cougar
 c) koala
 d) lion

9) babouin
 a) armadillo
 b) baboon
 c) lion
 d) panda

10) singe
 a) monkey
 b) rat
 c) zebra
 d) koala

Word Quiz #3 - Animals

Choose the best English word to match the French word.

1) taureau
   a) goat
   b) cow
   c) lynx
   d) bull

2) crocodile
   a) crocodile
   b) frog
   c) monkey
   d) baboon

3) tortue
   a) lynx
   b) cow
   c) rat
   d) tortoise

4) couguar
   a) pig
   b) cougar
   c) goat
   d) sheep

5) singe
   a) zebra
   b) camel
   c) pig
   d) monkey

6) chameau
   a) hippopotamus
   b) aardvark
   c) camel
   d) snake

7) panda
   a) porcupine
   b) rabbit
   c) panda
   d) crocodile

8) grenouille
   a) alligator
   b) koala
   c) frog
   d) mouse

9) vache
   a) alligator
   b) gazelle
   c) panther
   d) cow

10) souris
   a) panther
   b) hippopotamus
   c) tortoise
   d) mouse

Word Quiz #4 - Animals

Choose the best French word to match the English word.

1) jaguar
 a) cerf
 b) jaguar
 c) animal
 d) vache

2) frog
 a) grenouille
 b) girafe
 c) bison
 d) alligator

3) tiger
 a) alligator
 b) chat
 c) tigre
 d) chameau

4) animal
 a) singe
 b) animal
 c) crocodile
 d) rat

5) lion
 a) porc-épic
 b) chèvre
 c) taureau
 d) lion

6) alligator
 a) serpent
 b) alligator
 c) lapin
 d) porc-épic

7) hyena
 a) babouin
 b) vache
 c) hyène
 d) agneau

8) aardvark
 a) animal
 b) jaguar
 c) couguar
 d) oryctérope du Cap

9) lynx
 a) éléphant
 b) singe
 c) lynx
 d) porc-épic

10) horse
 a) hyène
 b) chat
 c) guépard
 d) cheval

Word Quiz #5 - Animals

Choose the best French word to match the English word.

1) animal
 a) girafe
 b) animal
 c) chameau
 d) renard

2) mouse
 a) porc-épic
 b) souris
 c) bison
 d) jaguar

3) porcupine
 a) porc-épic
 b) grenouille
 c) oryctérope du Cap
 d) bison

4) hippopotamus
 a) renard
 b) hippopotame
 c) âne
 d) couguar

5) giraffe
 a) chèvre
 b) agneau
 c) girafe
 d) crocodile

6) gorilla
 a) mule
 b) gorille
 c) tatou
 d) guépard

7) bobcat
 a) blaireau
 b) ours
 c) lynx
 d) loup

8) alligator
 a) zèbre
 b) chèvre
 c) alligator
 d) agneau

9) rhinoceros
 a) rhinocéros
 b) girafe
 c) kangourou
 d) éléphant

10) llama
 a) lama
 b) singe
 c) chien
 d) zèbre

Word Quiz #6 - Around the House

Choose the best English word to match the French word.

1) congélateur
 a) knife
 b) wallet
 c) switch
 d) freezer

2) poste de radio
 a) box
 b) wardrobe
 c) house
 d) radio

3) fourchette
 a) key
 b) ceiling
 c) chair
 d) fork

4) lampe de poche
 a) torch
 b) stove
 c) ceiling
 d) cup

5) cuisinière
 a) door
 b) radio
 c) bottle
 d) stove

6) couverture
 a) couch
 b) chair
 c) washing machine
 d) blanket

7) interrupteur
 a) toaster
 b) wardrobe
 c) shelf
 d) switch

8) toit
 a) frying pan
 b) cabinet
 c) roof
 d) drinking glass

9) toilettes
 a) washing machine
 b) toilet
 c) freezer
 d) window

10) bol
 a) roof
 b) bowl
 c) dishwasher
 d) sheet

Word Quiz #7 - Around the House

Choose the best English word to match the French word.

1) interrupteur
 a) tin
 b) rubbish can
 c) switch
 d) cup

2) image
 a) image
 b) sheet
 c) pillow
 d) dish

3) peinture
 a) alarm clock
 b) key
 c) painting
 d) pail

4) porte-monnaie
 a) torch
 b) purse
 c) vase
 d) painting

5) tiroir
 a) furniture
 b) dresser
 c) radio
 d) drawer

6) seau
 a) wallet
 b) pail
 c) rubbish can
 d) mixer

7) poêle
 a) frying pan
 b) table
 c) mixer
 d) plate

8) clé
 a) knife
 b) pot
 c) key
 d) loo

9) bouteille
 a) bottle
 b) ceiling
 c) bag
 d) toaster

10) bol
 a) cabinet
 b) ceiling
 c) dresser
 d) bowl

Word Quiz #8 - Around the House

Choose the best English word to match the French word.

1) drap
 a) telephone
 b) clock
 c) sheet
 d) dresser

2) balai
 a) mirror
 b) alarm clock
 c) broom
 d) radio

3) réveil
 a) washing machine
 b) alarm clock
 c) bag
 d) image

4) table
 a) box
 b) shelf
 c) telephone
 d) table

5) téléphone
 a) telephone
 b) bath (tub)
 c) coffee pot
 d) dishwasher

6) douche
 a) telephone
 b) radio
 c) shower
 d) vase

7) commode
 a) painting
 b) dresser
 c) dishwasher
 d) wall

8) bibliothèque
 a) kettle
 b) bed
 c) napkin
 d) bookcase

9) image
 a) image
 b) bowl
 c) freezer
 d) table

10) grille-pain
 a) shelf
 b) couch
 c) toaster
 d) kettle

Word Quiz #9 - Around the House

Choose the best French word to match the English word.

1) pillow
   a) verre
   b) oreiller
   c) toilettes
   d) réveil

2) television
   a) réveil
   b) poêle
   c) télévision
   d) cuisinière

3) tap
   a) serviette
   b) mixeur
   c) robinet
   d) maison

4) freezer
   a) congélateur
   b) couverture
   c) peinture
   d) plafond

5) sleeping bag
   a) tasse
   b) sac de couchage
   c) bouilloire
   d) fourchette

6) mixer
   a) sol
   b) télévision
   c) assiette
   d) mixeur

7) staircase
   a) sèche-linge
   b) sac de couchage
   c) boîte
   d) escalier

8) glass
   a) verre
   b) poste de radio
   c) image
   d) couverture

9) kettle
   a) savon
   b) tiroir
   c) porte
   d) bouilloire

10) drawer
   a) tiroir
   b) boîte
   c) cuisine
   d) bol

Word Quiz #10 - Around the House

Choose the best French word to match the English word.

1) pot
  a) eau
  b) cuisine
  c) cuillière
  d) marmite

2) staircase
  a) sèche-linge
  b) rideau
  c) balai
  d) escalier

3) cup
  a) tasse
  b) verre
  c) commode
  d) interrupteur

4) tap
  a) bol
  b) lampe
  c) robinet
  d) maison

5) torch
  a) lave-vaisselle
  b) savon
  c) porte
  d) lampe de poche

6) toaster
  a) balai
  b) grille-pain
  c) savon
  d) toit

7) kitchen
  a) cuisine
  b) maison
  c) balai
  d) table

8) spoon
  a) baignoire
  b) cuillière
  c) assiette
  d) grille-pain

9) kettle
  a) interrupteur
  b) couteau
  c) bouilloire
  d) poste de radio

10) house
  a) commode
  b) boîte
  c) maison
  d) savon

Word Quiz #11 - Clothing

Choose the best English word to match the French word.

1) soutien-gorge
   a) jeans
   b) glove
   c) bra
   d) overalls

2) jupe
   a) skirt
   b) cardigan
   c) bra
   d) bikini

3) chemise
   a) shirt
   b) sandals
   c) skirt
   d) bathing suit

4) parapluie
   a) hiking boots
   b) briefs
   c) slippers
   d) umbrella

5) pyjama
   a) pyjamas
   b) cardigan
   c) coat
   d) jeans

6) taille
   a) clothes
   b) jeans
   c) cardigan
   d) size

7) T-shirt
   a) T-shirt
   b) jeans
   c) bow tie
   d) corset

8) écharpe
   a) scarf
   b) tights
   c) jumper
   d) glove

9) chapeau
   a) size
   b) slippers
   c) tights
   d) hat

10) ceinture
   a) T-shirt
   b) belt
   c) waistcoat
   d) scarf

Word Quiz #12 - Clothing

Choose the best English word to match the French word.

1) gant
 a) overcoat
 b) T-shirt
 c) size
 d) glove

2) gants
 a) coat
 b) knickers
 c) handkerchief
 d) gloves

3) pantoufles
 a) trousers
 b) handkerchief
 c) jacket
 d) slippers

4) chaussettes
 a) shirt
 b) glove
 c) overalls
 d) socks

5) baskets
 a) running shoes
 b) glove
 c) bra
 d) sandals

6) sweat-shirt
 a) knickers
 b) jacket
 c) sweatshirt
 d) trousers

7) ceinture
 a) scarf
 b) jumpsuit
 c) belt
 d) dress

8) chemisier
 a) necktie
 b) scarf
 c) blouse
 d) waistcoat

9) jupe
 a) skirt
 b) umbrella
 c) necktie
 d) dress

10) mouchoir
 a) hiking boots
 b) handkerchief
 c) bikini
 d) trousers

Word Quiz #13 - Clothing

Choose the best English word to match the French word.

1) soutien-gorge
 a) clothes
 b) zip
 c) waistcoat
 d) bra

2) salopette
 a) size
 b) jeans
 c) glove
 d) overalls

3) casquette
 a) cap
 b) bathing suit
 c) skirt
 d) gloves

4) fermeture-éclair
 a) overalls
 b) trousers
 c) zip
 d) handkerchief

5) pyjama
 a) sandals
 b) briefs
 c) shirt
 d) pyjamas

6) sandales
 a) clothes
 b) sandals
 c) shirt
 d) gloves

7) taille
 a) size
 b) sandals
 c) briefs
 d) umbrella

8) chaussettes
 a) bathing suit
 b) socks
 c) trousers
 d) bikini

9) jeans
 a) jeans
 b) bow tie
 c) size
 d) clothes

10) jupe
 a) dressing gown
 b) skirt
 c) T-shirt
 d) jumpsuit

Word Quiz #14 - Clothing

Choose the best French word to match the English word.

1) trousers
a) salopette
b) bikini
c) veste
d) pantalon

2) clothes
a) parapluie
b) vêtements
c) robe
d) culotte

3) sandals
a) chaussures de randonnée
b) costume
c) sandales
d) collants

4) bikini
a) bikini
b) salopette
c) costume
d) ceinture

5) knickers
a) jupe
b) culotte
c) veste
d) écharpe

6) jeans
a) bikini
b) jeans
c) robe
d) chemise

7) waistcoat
a) vêtements
b) bikini
c) sandales
d) gilet

8) glove
a) costume
b) jupe
c) chemisier
d) gant

9) dress
a) jupe
b) ceinture
c) robe
d) maillot de bain

10) pyjamas
a) gant
b) maillot de bain
c) pyjama
d) fermeture-éclair

Word Quiz #15 - Clothing
Choose the best French word to match the English word.

1) socks
a) chaussettes
b) veste
c) taille
d) costume

2) pyjamas
a) gants
b) pyjama
c) T-shirt
d) robe

3) blouse
a) jeans
b) salopette
c) chemisier
d) jupe

4) scarf
a) fermeture-éclair
b) jupe
c) peignoir
d) écharpe

5) handkerchief
a) cravate
b) peignoir
c) mouchoir
d) pyjama

6) overcoat
a) parapluie
b) manteau
c) cardigan
d) écharpe

7) T-shirt
a) peignoir
b) T-shirt
c) culotte
d) noeud papillon

8) bra
a) bikini
b) sweat-shirt
c) soutien-gorge
d) robe

9) bathing suit
a) maillot de bain
b) robe
c) chapeau
d) cardigan

10) corset
a) corset
b) cravate
c) T-shirt
d) mouchoir

Word Quiz #16 - Colours

Choose the best English word to match the French word.

1) rouge
 a) red
 b) maroon
 c) grey
 d) orange

2) jaune
 a) blond
 b) yellow
 c) bright
 d) blue

3) orange
 a) beige
 b) blue
 c) grey
 d) orange

4) vert
 a) red
 b) green
 c) grey
 d) brown

5) blond
 a) orange
 b) blond
 c) brown
 d) blue

6) noir
 a) black
 b) bright
 c) beige
 d) blue

7) beige
 a) grey
 b) blond
 c) beige
 d) black

8) blanc
 a) black
 b) grey
 c) white
 d) dark

9) bleu
 a) green
 b) red
 c) pink
 d) blue

10) bordeaux
 a) maroon
 b) black
 c) white
 d) brown

Word Quiz #17 - Colours

Choose the best English word to match the French word.

1) jaune
 a) green
 b) black
 c) yellow
 d) blond

2) foncé
 a) dark
 b) maroon
 c) blue
 d) colour

3) beige
 a) colour
 b) blond
 c) green
 d) beige

4) blond
 a) red
 b) green
 c) blond
 d) beige

5) violet
 a) colour
 b) purple
 c) yellow
 d) maroon

6) marron
 a) yellow
 b) pink
 c) brown
 d) bright

7) bleu
 a) maroon
 b) purple
 c) pink
 d) blue

8) rose
 a) grey
 b) white
 c) purple
 d) pink

9) rouge
 a) brown
 b) red
 c) blond
 d) white

10) noir
 a) blond
 b) black
 c) purple
 d) grey

Word Quiz #18 - Colours

Choose the best English word to match the French word.

1) jaune
   a) colour
   b) black
   c) beige
   d) yellow

2) beige
   a) white
   b) maroon
   c) beige
   d) brown

3) rose
   a) dark
   b) pink
   c) maroon
   d) red

4) vert
   a) dark
   b) black
   c) green
   d) red

5) vif
   a) bright
   b) white
   c) blue
   d) pink

6) rouge
   a) blue
   b) yellow
   c) red
   d) pink

7) marron
   a) white
   b) green
   c) dark
   d) brown

8) bleu
   a) white
   b) black
   c) blue
   d) orange

9) gris
   a) grey
   b) pink
   c) red
   d) dark

10) blond
   a) bright
   b) blond
   c) dark
   d) yellow

Word Quiz #19 - Colours

Choose the best French word to match the English word.

1) colour
   a) foncé
   b) gris
   c) couleur
   d) violet

2) orange
   a) bleu
   b) orange
   c) gris
   d) couleur

3) blue
   a) couleur
   b) marron
   c) blanc
   d) bleu

4) grey
   a) gris
   b) bleu
   c) beige
   d) noir

5) blond
   a) couleur
   b) blond
   c) foncé
   d) rose

6) brown
   a) vif
   b) marron
   c) beige
   d) bordeaux

7) purple
   a) violet
   b) noir
   c) orange
   d) bleu

8) beige
   a) beige
   b) gris
   c) blanc
   d) blond

9) white
   a) blond
   b) marron
   c) blanc
   d) noir

10) green
   a) violet
   b) beige
   c) rose
   d) vert

Word Quiz #20 - Colours

Choose the best French word to match the English word.

1) purple
 a) violet
 b) rose
 c) rouge
 d) vert

2) maroon
 a) bordeaux
 b) violet
 c) noir
 d) marron

3) grey
 a) rouge
 b) gris
 c) beige
 d) marron

4) red
 a) foncé
 b) blond
 c) orange
 d) rouge

5) colour
 a) beige
 b) foncé
 c) couleur
 d) violet

6) yellow
 a) vif
 b) blond
 c) jaune
 d) beige

7) dark
 a) couleur
 b) foncé
 c) vert
 d) bleu

8) pink
 a) rose
 b) blond
 c) gris
 d) jaune

9) blue
 a) gris
 b) bleu
 c) orange
 d) beige

10) blond
 a) blond
 b) foncé
 c) gris
 d) couleur

Word Quiz #21 - Days, Months, Seasons

Choose the best English word to match the French word.

1) dimanche
   a) Sunday
   b) day
   c) April
   d) May

2) mardi
   a) autumn
   b) March
   c) July
   d) Tuesday

3) saison
   a) day
   b) January
   c) Sunday
   d) season

4) mercredi
   a) Thursday
   b) Monday
   c) Wednesday
   d) December

5) juin
   a) February
   b) Thursday
   c) June
   d) March

6) mai
   a) spring
   b) June
   c) October
   d) May

7) juillet
   a) Wednesday
   b) day
   c) July
   d) season

8) vendredi
   a) Friday
   b) Tuesday
   c) season
   d) March

9) lundi
   a) August
   b) Monday
   c) January
   d) Saturday

10) novembre
   a) Sunday
   b) autumn
   c) May
   d) November

Word Quiz #22 - Days, Months, Seasons

Choose the best English word to match the French word.

1) automne
 a) February
 b) autumn
 c) April
 d) summer

2) janvier
 a) day
 b) January
 c) autumn
 d) November

3) octobre
 a) Tuesday
 b) April
 c) October
 d) Wednesday

4) mois
 a) autumn
 b) winter
 c) March
 d) month

5) hiver
 a) winter
 b) November
 c) season
 d) July

6) samedi
 a) day
 b) Saturday
 c) October
 d) June

7) août
 a) June
 b) month
 c) August
 d) October

8) avril
 a) July
 b) season
 c) January
 d) April

9) vendredi
 a) month
 b) Monday
 c) October
 d) Friday

10) jeudi
 a) September
 b) August
 c) February
 d) Thursday

Word Quiz #23 - Days, Months, Seasons

Choose the best English word to match the French word.

1) juillet
   a) February
   b) July
   c) October
   d) January

2) samedi
   a) Wednesday
   b) September
   c) October
   d) Saturday

3) vendredi
   a) February
   b) Tuesday
   c) Friday
   d) day

4) saison
   a) day
   b) October
   c) season
   d) autumn

5) août
   a) August
   b) summer
   c) Friday
   d) month

6) janvier
   a) January
   b) June
   c) Sunday
   d) Saturday

7) hiver
   a) March
   b) Sunday
   c) winter
   d) Monday

8) mars
   a) Wednesday
   b) November
   c) April
   d) March

9) mois
   a) August
   b) spring
   c) Friday
   d) month

10) octobre
   a) October
   b) season
   c) March
   d) day

Word Quiz #24 - Days, Months, Seasons

Choose the best French word to match the English word.

1) August
 a) avril
 b) mercredi
 c) mars
 d) août

2) January
 a) jour
 b) mois
 c) août
 d) janvier

3) December
 a) novembre
 b) mercredi
 c) décembre
 d) octobre

4) summer
 a) jour
 b) décembre
 c) été
 d) février

5) day
 a) jeudi
 b) juin
 c) novembre
 d) jour

6) month
 a) mois
 b) mars
 c) automne
 d) novembre

7) September
 a) dimanche
 b) mars
 c) septembre
 d) hiver

8) May
 a) jour
 b) mai
 c) avril
 d) octobre

9) Tuesday
 a) vendredi
 b) juin
 c) dimanche
 d) mardi

10) Wednesday
 a) mercredi
 b) été
 c) dimanche
 d) lundi

Word Quiz #25 - Days, Months, Seasons

Choose the best French word to match the English word.

1) May
 a) jeudi
 b) septembre
 c) mai
 d) dimanche

2) winter
 a) été
 b) mardi
 c) mai
 d) hiver

3) August
 a) hiver
 b) août
 c) juin
 d) mardi

4) March
 a) mars
 b) décembre
 c) octobre
 d) juin

5) Sunday
 a) dimanche
 b) jeudi
 c) source
 d) automne

6) Friday
 a) source
 b) vendredi
 c) avril
 d) automne

7) October
 a) mars
 b) octobre
 c) août
 d) dimanche

8) Thursday
 a) jeudi
 b) mars
 c) mardi
 d) jour

9) Monday
 a) saison
 b) janvier
 c) février
 d) lundi

10) autumn
 a) octobre
 b) jeudi
 c) automne
 d) mercredi

Word Quiz #26 - Family

Choose the best English word to match the French word.

1) cousin
   a) uncle
   b) stepmother
   c) family
   d) cousin

2) belle-fille
   a) father
   b) dad
   c) stepdaughter
   d) relative

3) grand-mère
   a) aunt
   b) cousin
   c) niece
   d) grandmother

4) soeur
   a) mother
   b) stepson
   c) stepfather
   d) sister

5) beau-père
   a) stepfather
   b) husband
   c) stepson
   d) grandfather

6) belle-mère
   a) uncle
   b) wife
   c) stepmother
   d) mother

7) mariée
   a) bride
   b) stepson
   c) niece
   d) cousin

8) maman
   a) sister
   b) stepdaughter
   c) mum
   d) bride

9) parents
   a) parents
   b) stepson
   c) brother
   d) parent

10) grand-père
   a) family
   b) grandfather
   c) uncle
   d) grandchild

Word Quiz #27 - Family

Choose the best English word to match the French word.

1) grand-mère
 a) grandmother
 b) uncle
 c) son
 d) stepsister

2) maman
 a) son
 b) family
 c) cousin
 d) mum

3) papa
 a) parents
 b) grandchild
 c) relative
 d) dad

4) parents
 a) grandmother
 b) bride
 c) parents
 d) grandchild

5) belle-mère
 a) sister
 b) mum
 c) relatives
 d) stepmother

6) tante
 a) dad
 b) cousin
 c) aunt
 d) wife

7) parents
 a) stepsister
 b) uncle
 c) grandchild
 d) parent

8) fille
 a) son
 b) daughter
 c) relatives
 d) stepmother

9) beau-fils
 a) stepmother
 b) niece
 c) grandchild
 d) stepson

10) mariée
 a) aunt
 b) grandfather
 c) bride
 d) relative

Word Quiz #28 - Family

Choose the best English word to match the French word.

1) mère
 a) son
 b) cousin
 c) mother
 d) husband

2) père
 a) grandmother
 b) uncle
 c) son
 d) father

3) soeur
 a) brother
 b) father
 c) sister
 d) stepfather

4) tante
 a) stepsister
 b) aunt
 c) family
 d) cousin

5) maman
 a) stepdaughter
 b) mum
 c) stepson
 d) nephew

6) famille
 a) cousin
 b) relative
 c) son
 d) family

7) parents
 a) bride
 b) husband
 c) parent
 d) stepmother

8) épouse
 a) stepson
 b) wife
 c) nephew
 d) father

9) mari
 a) stepsister
 b) husband
 c) stepfather
 d) aunt

10) parents
 a) relatives
 b) stepson
 c) father
 d) daughter

Word Quiz #29 - Family

Choose the best French word to match the English word.

1) stepson
 a) épouse
 b) neveu
 c) beau-fils
 d) nièce

2) grandchild
 a) cousin
 b) belle-soeur
 c) demi-frère
 d) petit-fils

3) nephew
 a) grand-père
 b) frère
 c) neveu
 d) fille

4) brother
 a) épouse
 b) oncle
 c) frère
 d) beau-père

5) relative
 a) parents
 b) famille
 c) oncle
 d) beau-père

6) family
 a) petit-fils
 b) famille
 c) beau-père
 d) oncle

7) husband
 a) mari
 b) belle-soeur
 c) parents
 d) petit-fils

8) bride
 a) belle-mère
 b) cousin
 c) parents
 d) mariée

9) aunt
 a) mère
 b) beau-fils
 c) parents
 d) tante

10) stepbrother
 a) petit-fils
 b) grand-mère
 c) demi-frère
 d) soeur

Word Quiz #30 - Family

Choose the best French word to match the English word.

1) parent
 a) cousin
 b) papa
 c) oncle
 d) parents

2) mum
 a) maman
 b) neveu
 c) cousin
 d) père

3) parents
 a) épouse
 b) oncle
 c) demi-frère
 d) parents

4) dad
 a) papa
 b) belle-soeur
 c) cousin
 d) parents

5) wife
 a) soeur
 b) épouse
 c) parents
 d) nièce

6) grandfather
 a) belle-mère
 b) nièce
 c) maman
 d) grand-père

7) family
 a) cousin
 b) grand-mère
 c) parents
 d) famille

8) stepfather
 a) mariée
 b) oncle
 c) maman
 d) beau-père

9) stepson
 a) grand-mère
 b) beau-fils
 c) mariée
 d) demi-frère

10) nephew
 a) parents
 b) mariée
 c) neveu
 d) beau-fils

Word Quiz #31 - Numbers

Choose the best English word to match the French word.

1) soixante-dix
 a) nine
 b) number
 c) one hundred
 d) seventy

2) nombre
 a) fifty
 b) number
 c) nine hundred
 d) two

3) quinze
 a) twelve
 b) fifteen
 c) fourteen
 d) eighteen

4) cinq cents
 a) thirteen
 b) five hundred
 c) eight hundred
 d) sixty

5) dix-sept
 a) twelve
 b) seventeen
 c) fourteen
 d) one hundred

6) deux
 a) number
 b) forty
 c) seventy
 d) two

7) sept cents
 a) eleven
 b) seven hundred
 c) thirty
 d) ten

8) huit cents
 a) one thousand
 b) eight hundred
 c) fifteen
 d) two

9) treize
 a) ten
 b) thirteen
 c) two
 d) nine hundred

10) un million
 a) eighty
 b) nineteen
 c) nine hundred
 d) one million

Word Quiz #32 - Numbers

Choose the best English word to match the French word.

1) cent
 a) fourteen
 b) seventy
 c) one hundred
 d) eighty

2) quatre cents
 a) two hundred
 b) four hundred
 c) three
 d) eighteen

3) nombre
 a) thirteen
 b) eight
 c) fourteen
 d) number

4) soixante-dix
 a) one hundred
 b) seventy
 c) five hundred
 d) sixteen

5) cinq
 a) six hundred
 b) five
 c) fifteen
 d) two

6) vingt
 a) twenty
 b) five hundred
 c) one billion
 d) nine hundred

7) six
 a) three hundred
 b) four hundred
 c) nineteen
 d) six

8) trois cents
 a) three hundred
 b) one hundred
 c) number
 d) two hundred

9) douze
 a) one
 b) two
 c) twelve
 d) one million

10) un
 a) six
 b) six hundred
 c) one
 d) fifty

Word Quiz #33 - Numbers

Choose the best English word to match the French word.

1) onze
 a) forty
 b) one thousand
 c) eleven
 d) four hundred

2) quatre
 a) forty
 b) two
 c) eleven
 d) four

3) quatorze
 a) eighty
 b) fourteen
 c) seven
 d) seventy

4) quinze
 a) forty
 b) eighty
 c) fifteen
 d) one thousand

5) quatre-vingts
 a) eighty
 b) nine hundred
 c) sixteen
 d) eleven

6) nombre
 a) number
 b) fifteen
 c) eleven
 d) twelve

7) un milliard
 a) one million
 b) eighty
 c) eighteen
 d) one billion

8) deux
 a) nineteen
 b) one hundred
 c) two
 d) three hundred

9) quatre-vingts-dix
 a) eight
 b) nineteen
 c) five hundred
 d) ninety

10) douze
 a) two hundred
 b) eleven
 c) twelve
 d) eighty

Word Quiz #34 - Numbers

Choose the best French word to match the English word.

1) one million
 a) un milliard
 b) quinze
 c) un million
 d) deux cents

2) seven hundred
 a) sept cents
 b) trois cents
 c) trente
 d) un milliard

3) forty
 a) quatre cents
 b) quarante
 c) soixante
 d) un milliard

4) thirty
 a) nombre
 b) dix-sept
 c) trente
 d) seize

5) four
 a) vingt
 b) quatre
 c) douze
 d) quatorze

6) sixteen
 a) nombre
 b) dix-huit
 c) quatre-vingts
 d) seize

7) six hundred
 a) un
 b) six cents
 c) soixante
 d) dix-neuf

8) number
 a) nombre
 b) zéro
 c) dix-huit
 d) quatre-vingts

9) five
 a) cinq
 b) quatre-vingts-dix
 c) mille
 d) quinze

10) eight hundred
 a) quatre-vingts
 b) huit cents
 c) cinq
 d) nombre

Word Quiz #35 - Numbers

Choose the best French word to match the English word.

1) four hundred
 a) quinze
 b) un
 c) quatre cents
 d) trois cents

2) seventeen
 a) dix-sept
 b) treize
 c) sept cents
 d) cent

3) five
 a) cinq
 b) dix-huit
 c) cinquante
 d) dix

4) seven hundred
 a) quatre cents
 b) quatorze
 c) sept cents
 d) un milliard

5) nine hundred
 a) neuf cents
 b) dix-neuf
 c) nombre
 d) sept cents

6) nineteen
 a) dix-neuf
 b) sept
 c) trois cents
 d) dix-sept

7) one billion
 a) un milliard
 b) soixante
 c) cinq cents
 d) dix-sept

8) five hundred
 a) huit cents
 b) dix
 c) nombre
 d) cinq cents

9) two hundred
 a) six
 b) seize
 c) trois
 d) deux cents

10) one thousand
 a) quarante
 b) soixante
 c) mille
 d) cent

Word Quiz #36 - Parts of the Body

Choose the best English word to match the French word.

1) langue
   a) breast
   b) tongue
   c) fist
   d) thumb

2) oeil
   a) bone
   b) tooth
   c) eye
   d) blood

3) cerveau
   a) skin
   b) tendon
   c) brain
   d) arm

4) colonne vertébrale
   a) body
   b) muscle
   c) bone
   d) backbone

5) pieds
   a) lung
   b) vein
   c) feet
   d) jaw

6) cheveux
   a) throat
   b) ankle
   c) gland
   d) hair

7) cou
   a) neck
   b) toe
   c) throat
   d) skin

8) poing
   a) hip
   b) fist
   c) face
   d) waist

9) estomac
   a) muscle
   b) forehead
   c) stomach
   d) elbow

10) pied
   a) ankle
   b) moustache
   c) tongue
   d) foot

Word Quiz #37 - Parts of the Body
Choose the best English word to match the French word.

1) appendice
   a) liver
   b) appendix
   c) joint
   d) back

2) épaule
   a) blood
   b) shoulder
   c) eyelash
   d) tooth

3) cuisse
   a) shoulder
   b) thigh
   c) elbow
   d) lip

4) joue
   a) cheek
   b) tendon
   c) arm
   d) finger

5) rein
   a) fist
   b) kidney
   c) fingernail
   d) parts of the body

6) nerf
   a) joint
   b) hand
   c) nerve
   d) breast

7) dos
   a) back
   b) backbone
   c) eyelid
   d) belly

8) pouce
   a) belly
   b) freckles
   c) thumb
   d) leg

9) ongle
   a) arm
   b) knee
   c) bone
   d) fingernail

10) côte
   a) backbone
   b) shoulder
   c) gland
   d) rib

Word Quiz #38 - Parts of the Body
Choose the best English word to match the French word.

1) cil
 a) nerve
 b) lung
 c) eyelash
 d) lip

2) hanche
 a) body
 b) blood
 c) waist
 d) hip

3) menton
 a) chin
 b) leg
 c) hip
 d) bladder

4) nerf
 a) feet
 b) muscle
 c) nerve
 d) belly

5) pied
 a) foot
 b) knuckle
 c) neck
 d) skin

6) sourcil
 a) lung
 b) blood
 c) belly
 d) eyebrow

7) poumon
 a) lung
 b) chin
 c) eyelid
 d) arm

8) oeil
 a) bladder
 b) eye
 c) toe
 d) knee

9) foie
 a) eye
 b) kidney
 c) liver
 d) knuckle

10) cheveux
 a) hair
 b) foot
 c) freckles
 d) eyebrow

Word Quiz #39 - Parts of the Body

Choose the best French word to match the English word.

1) hair
   a) ongle
   b) veine
   c) cheveux
   d) foie

2) moustache
   a) moustache
   b) cil
   c) visage
   d) orteil

3) knee
   a) amygdales
   b) cheveux
   c) bouche
   d) genou

4) blood
   a) sang
   b) joue
   c) genou
   d) sourcil

5) back
   a) dos
   b) cerveau
   c) sourcil
   d) glande

6) teeth
   a) articulation
   b) os
   c) dent
   d) dents

7) ankle
   a) lèvre
   b) cheville
   c) pouce
   d) cil

8) face
   a) taille
   b) lèvre
   c) langue
   d) visage

9) hand
   a) cheveux
   b) main
   c) rein
   d) peau

10) bladder
   a) sein
   b) poignet
   c) pieds
   d) vessie

Word Quiz #40 - Parts of the Body

Choose the best French word to match the English word.

1) parts of the body
 a) front
 b) parties du corps
 c) dents
 d) taille

2) neck
 a) jambe
 b) taches de rousseur
 c) cou
 d) artère

3) liver
 a) tête
 b) iris
 c) joue
 d) foie

4) knee
 a) articulation
 b) dos
 c) genou
 d) rein

5) face
 a) barbe
 b) parties du corps
 c) cou
 d) visage

6) muscle
 a) côte
 b) poumon
 c) muscle
 d) cheville

7) lung
 a) poumon
 b) dent
 c) bouche
 d) parties du corps

8) belly
 a) ventre
 b) poumon
 c) visage
 d) oreille

9) iris
 a) vessie
 b) oeil
 c) sourcil
 d) iris

10) hand
 a) main
 b) moustache
 c) sang
 d) muscle

Welcome to the hints and solutions section!

Here you can find the solutions to the word search puzzles, hints and solutions for the word scrambles, and answers to the quizzes.

Word Search Solution #1

d	r	d	x	c	m	x	é	k	b	l	a	i	r	e	a	u
é	u	p	u	o	l	z	y	z	é	b	i	s	o	n	t	é
c	g	a	i	é	j	p	e	s	u	o	a	n	i	m	a	l
n	i	j	p	r	h	i	n	o	c	é	r	o	s	j	é	t
o	x	p	m	a	v	a	l	l	i	g	a	t	o	r	e	g
h	y	t	é	y	r	a	x	t	n	e	p	r	e	s	m	u
c	è	z	t	c	d	c	m	m	v	p	m	x	e	p	è	j
o	i	a	t	u	r	h	g	o	s	o	r	t	i	g	r	e
c	r	i	x	é	c	o	é	l	é	p	h	a	n	t	â	g
è	é	y	r	h	x	d	p	p	i	u	a	e	r	u	a	t

Word Search Solution #2

o	f	n	f	k	a	n	g	o	u	r	o	u	o	h	i	m
é	c	u	r	e	u	i	l	m	u	l	e	c	d	n	é	h
u	e	l	l	i	u	o	n	e	r	g	a	g	n	e	a	u
a	p	a	c	u	d	e	p	o	r	é	t	c	y	r	o	n
h	l	o	è	j	y	m	y	c	o	u	g	u	a	r	h	b
v	p	a	u	a	o	x	g	è	c	è	i	g	z	p	t	é
é	f	p	o	r	l	s	é	u	â	r	c	h	è	v	r	e
c	o	d	è	k	s	e	h	f	y	è	l	a	v	e	h	c
r	a	u	g	a	j	k	v	m	o	u	t	o	n	è	k	t
s	f	o	u	m	i	l	l	i	e	r	c	è	r	h	l	e

Word Search Solution #3

e	p	t	**n**	**o**	**h**	**c**	**o**	**c**	**g**	**o**	**r**	**i**	**l**	**l**	**e**	t
n	z	m	b	è	k	s	u	s	e	x	x	â	d	s	é	d
â	**d**	**u**	**a**	**p**	**a**	**r**	**c**	h	è	n	y	è	k	a	v	é
è	è	é	a	x	g	r	**h**	**k**	**a**	**n**	**g**	**o**	**u**	**r**	**o**	**u**
f	j	s	u	l	z	y	**a**	y	o	g	a	r	l	é	b	é
g	j	f	j	b	u	g	**t**	**e**	**u**	**t**	**r**	**o**	**t**	**a**	e	n
c	**h**	**è**	**v**	**r**	**e**	m	é	n	i	f	**l**	**a**	**m**	**i**	**n**	**a**
y	y	**u**	**a**	**e**	**r**	**u**	**a**	**t**	è	h	x	s	f	**m**	r	a
â	è	m	b	r	â	r	**t**	**n**	**e**	**p**	**r**	**e**	**s**	**a**	g	l
s	l	**e**	**g**	**n**	**i**	**s**	l	**l**	**i**	**o**	**n**	f	o	**t**	b	h

Word Search Solution #4

a	**e**	**r**	**g**	**i**	**t**	n	n	n	**b**	**c**	t	è	u	f	t	f
m	**é**	**c**	**u**	**r**	**e**	**u**	**i**	**l**	g	**i**	h	s	k	r	â	i
c	â	i	**e**	**r**	**è**	**h**	**t**	**n**	**a**	**p**	**s**	**è**	s	j	é	k
g	z	**j**	**a**	**g**	**u**	**a**	**r**	l	o	z	e	**o**	**v**	h	b	k
l	**a**	**n**	**i**	**m**	**a**	**l**	è	**z**	**è**	**b**	**r**	**e**	n	**r**	l	u
o	x	o	u	é	f	**i**	j	é	s	**t**	**n**	**e**	**p**	**r**	**e**	**s**
x	m	f	y	l	c	h	**m**	v	y	**g**	**u**	**é**	**p**	**a**	**r**	**d**
x	n	è	t	a	t	f	b	**a**	c	p	h	e	f	b	m	h
p	g	**r**	**a**	**u**	**g**	**u**	**o**	**c**	**t**	j	s	r	**r**	**a**	**t**	b
u	**o**	**r**	**u**	**o**	**g**	**n**	**a**	**k**	x	e	z	n	z	x	d	é

Word Search Solution #5

l	y	n	x	p	t	é	p	a	n	t	h	è	r	e	h	é
c	h	è	v	r	e	r	o	t	a	g	i	l	l	a	h	p
é	p	a	c	u	d	e	p	o	r	é	t	c	y	r	o	i
o	f	t	n	c	s	u	r	b	n	i	u	o	b	a	b	i
h	m	g	s	f	h	a	f	x	x	i	h	r	p	u	o	l
y	a	l	i	z	â	e	e	d	u	a	p	a	r	c	c	f
è	v	g	n	b	m	n	v	m	o	c	o	f	c	y	r	x
n	k	â	g	n	u	g	â	a	f	g	c	â	s	è	é	b
e	f	è	e	y	l	a	x	a	l	e	p	f	k	g	n	x
d	é	x	t	p	e	k	d	n	u	t	a	u	r	e	a	u

Word Search Solution #6

à	c	é	é	e	u	q	è	h	t	o	i	l	b	i	b	î
h	o	u	h	o	r	l	o	g	e	q	é	à	q	f	r	f
v	u	è	e	l	l	i	u	e	f	e	t	r	o	p	e	h
p	t	é	è	h	r	v	h	v	l	r	t	a	l	p	i	b
l	e	r	è	v	d	i	c	l	à	e	l	u	b	s	l	à
a	a	u	f	o	u	r	c	h	e	t	t	e	s	t	a	e
c	u	e	g	e	r	u	t	r	e	v	u	o	c	e	c	r
a	u	x	o	b	p	e	r	è	g	a	t	é	n	i	s	r
r	e	i	è	v	t	h	q	n	b	n	e	a	u	e	e	e
d	g	m	e	g	n	i	l	e	h	c	è	s	o	c	d	v

Word Search Solution #7

l	e	l	l	e	b	u	o	p	c	a	s	é	l	x	s	s
x	e	u	ê	q	m	r	o	b	i	n	e	t	é	d	e	è
d	l	e	t	î	o	b	e	v	o	s	r	m	l	à	t	b
r	b	a	c	o	n	g	é	l	a	t	e	u	r	s	t	s
i	u	s	a	m	a	c	h	i	n	e	à	l	a	v	e	r
o	e	î	r	p	b	o	u	i	l	l	o	i	r	e	l	p
r	m	e	l	l	e	s	s	i	a	v	e	v	a	l	i	o
i	i	s	g	r	i	l	l	e	p	a	i	n	a	q	o	r
t	p	s	a	n	g	h	c	u	i	s	i	n	e	u	t	t
i	ê	q	e	r	è	i	n	i	s	i	u	c	c	î	r	e

Word Search Solution #8

e	h	h	o	r	l	o	g	e	r	m	u	a	p	l	m	r
è	r	î	e	i	a	n	n	o	m	e	t	r	o	p	i	x
r	é	v	e	i	l	l	m	g	p	l	a	f	o	n	d	î
t	b	o	m	u	e	u	q	è	h	t	o	i	l	b	i	b
c	r	é	f	r	i	g	é	r	a	t	e	u	r	e	u	o
a	î	u	s	g	v	ê	a	e	n	o	h	p	é	l	é	t
f	b	v	e	v	e	o	é	p	a	n	a	c	v	a	s	e
s	x	x	a	t	r	h	h	b	l	r	r	i	o	r	i	m
p	g	t	u	d	r	e	r	è	i	n	i	s	i	u	c	v
m	o	i	n	c	e	î	e	l	l	e	b	u	o	p	é	d

Word Search Solution #9

î	s	**t**	**o**	**i**	**l**	**e**	**t**	**t**	**e**	**s**	s	m	t	c	d	x
é	**p**	**a**	**n**	**a**	**c**	**t**	**é**	**l**	**é**	**p**	**h**	**o**	**n**	**e**	t	b
m	**e**	**u**	**b**	**l**	**e**	è	q	b	**e**	**n**	**i**	**s**	**i**	**u**	**c**	m
c	q	x	o	b	î	**e**	**l**	**l**	**e**	**b**	**u**	**o**	**p**	é	t	o
e	**g**	**a**	**h**	**c**	**u**	**o**	**c**	**e**	**d**	**c**	**a**	**s**	q	x	c	m
i	a	d	à	b	p	**t**	**t**	**u**	**a**	**e**	**l**	**b**	**a**	**t**	è	g
ê	**r**	**u**	**e**	**t**	**a**	**r**	**é**	**g**	**i**	**r**	**f**	**é**	**r**	o	é	r
é	î	é	é	**b**	o	o	p	p	à	**b**	**a**	**l**	**a**	**i**	u	t
h	**t**	**i**	**l**	ê	b	**r**	**u**	**e**	**t**	**a**	**l**	**é**	**g**	**n**	**o**	**c**
n	c	**e**	o	**c**	**u**	**i**	**l**	**l**	**i**	**è**	**r**	**e**	l	é	é	r

Word Search Solution #10

é	è	h	r	g	h	**v**	î	v	**r**	**é**	**v**	**e**	**i**	**l**	ê	b
b	**e**	n	**p**	s	e	**a**	n	**p**	**o**	**r**	**t**	**e**	x	i	x	l
g	**l**	p	**e**	f	r	**s**	à	e	**c**	**a**	**n**	**a**	**p**	**é**	i	p
é	**b**	à	**i**	a	q	**e**	**s**	**c**	**a**	**l**	**i**	**e**	**r**	e	t	o
m	**a**	é	**n**	x	h	l	r	i	è	l	m	o	é	l	**o**	e
e	**t**	é	**t**	à	**e**	**r**	**è**	**i**	**n**	**i**	**s**	**i**	**u**	**c**	**i**	ê
u	é	**n**	**u**	o	g	**é**	é	**e**	**g**	**a**	**m**	**i**	v	p	**t**	è
b	è	v	**r**	c	**l**	t	ê	i	o	e	é	m	t	è	n	n
l	o	o	**e**	**c**	**u**	s	**c**	**a**	**f**	**e**	**t**	**i**	**è**	**r**	**e**	v
e	**u**	**s**	**p**	**o**	**r**	**t**	**e**	**m**	**o**	**n**	**n**	**a**	**i**	**e**	î	n

Word Search Solution #11

d	p	u	f	l	g	c	ê	c	j	n	y	**s**	**e**	**b**	**o**	**r**
g	d	d	n	d	f	g	**m**	**s**	u	é	**l**	d	u	w	a	b
j	**e**	**a**	**n**	**s**	e	**a**	e	u	**r**	**i**	**o**	**h**	**c**	**u**	**o**	**m**
m	m	r	u	é	**n**	**l**	d	h	**p**	j	a	e	y	h	y	w
e	i	a	b	**t**	**a**	i	**e**	**t**	**t**	**e**	**u**	**q**	**s**	**a**	**c**	i
l	n	s	**e**	**d**	t	w	**c**	**e**	**i**	**n**	**t**	**u**	**r**	**e**	é	d
l	j	**a**	**n**	t	e	q	**l**	**c**	**o**	**l**	**l**	**a**	**n**	**t**	**s**	h
i	**u**	**a**	**n**	**o**	**s**	**i**	**a**	**n**	**i**	**b**	**m**	**o**	**c**	w	o	p
a	**s**	w	r	ê	**g**	m	**c**	**o**	**s**	**t**	**u**	**m**	**e**	u	v	p
t	t	b	s	k	**s**	**e**	**t**	**t**	**e**	**s**	**s**	**u**	**a**	**h**	**c**	n

Word Search Solution #12

i	h	b	o	m	n	**p**	**y**	**j**	**a**	**m**	**a**	b	o	a	c	**c**
é	r	**g**	**a**	**n**	**t**	**s**	**j**	w	g	j	é	g	e	a	a	**h**
f	**e**	**r**	**m**	**e**	**t**	**u**	**r**	**e**	**é**	**c**	**l**	**a**	**i**	**r**	j	**e**
e	i	ê	f	ê	**p**	**u**	**a**	**e**	**t**	**n**	**a**	**m**	e	e	é	**m**
i	r	u	j	**e**	p	n	s	e	j	**t**	**a**	**i**	**l**	**l**	**e**	**i**
w	k	**s**	d	m	w	**c**	**h**	**e**	**m**	**i**	**s**	**e**	n	a	j	**s**
m	f	**l**	k	**s**	**o**	**u**	**t**	**i**	**e**	**n**	**g**	**o**	**r**	**g**	**e**	**i**
k	a	**i**	q	v	o	g	**r**	**o**	**b**	**e**	l	k	f	b	e	**e**
g	l	**p**	é	**s**	**e**	**t**	**t**	**e**	**s**	**s**	**u**	**a**	**h**	**c**	é	**r**
j	a	n	**j**	**e**	**a**	**n**	**s**	g	p	s	a	o	**t**	**n**	**a**	**g**

Word Search Solution #13

h	a	u	c	r	a	v	a	t	e	y	é	p	i	r	m	e
f	e	r	m	e	t	u	r	e	é	c	l	a	i	r	a	t
j	e	a	n	s	t	ê	c	o	h	c	s	r	r	e	n	t
d	y	u	n	s	a	b	p	c	c	l	e	a	i	p	t	e
k	g	o	h	m	h	a	i	h	h	y	l	p	o	g	e	p
g	o	i	a	m	c	s	p	e	a	g	a	l	n	c	a	o
p	r	j	i	f	f	k	t	m	p	a	d	u	g	f	u	l
t	y	n	o	b	p	e	h	i	e	n	n	i	i	q	h	a
p	p	c	q	d	t	t	ê	s	a	t	a	e	e	o	y	s
é	d	v	b	s	u	s	p	e	u	s	s	u	p	r	k	o

Word Search Solution #14

w	v	t	e	d	e	u	n	o	l	a	t	n	a	p	o	u
r	i	p	r	e	i	u	l	p	a	r	a	p	l	i	é	u
é	u	k	i	t	e	l	i	g	p	p	v	t	n	a	g	é
j	w	i	h	s	p	a	n	t	o	u	f	l	e	s	y	é
s	o	u	t	i	e	n	g	o	r	g	e	n	n	t	é	l
r	i	a	l	c	é	e	r	u	t	e	m	r	e	f	o	s
b	j	m	a	i	l	l	o	t	d	e	b	a	i	n	s	h
c	s	n	a	e	j	d	f	n	n	a	g	i	d	r	a	c
v	s	o	a	v	e	s	t	e	w	c	h	e	m	i	s	e
i	e	t	a	v	a	r	c	é	n	r	v	v	i	r	r	g

Word Search Solution #15

n	r	**n**	**o**	**e**	**u**	**d**	**p**	**a**	**p**	**i**	**l**	**l**	**o**	**n**	h	c
v	o	j	**e**	**u**	**a**	**e**	**p**	**a**	**h**	**c**	d	**s**	w	e	**s**	c
f	**s**	**b**	k	j	e	k	o	p	**c**	**u**	**l**	t	w	v	**n**	n
b	**o**	**a**	v	e	**t**	ê	y	**o**	k	**i**	**a**	t	i	u	**a**	e
r	**c**	**n**	**n**	m	**a**	t	l	h	**p**	h	b	**e**	f	n	**e**	l
t	**o**	f	c	**d**	**v**	**l**	l	i	u	é	j	**j**	**t**	**t**	**j**	p
q	**r**	d	c	f	**a**	**c**	**e**	**t**	**t**	**o**	**l**	**u**	**c**	**n**	s	j
l	**s**	**t**	v	**n**	**r**	**l**	**g**	**i**	**l**	**e**	**t**	m	w	i	**a**	ê
m	**e**	h	**t**	v	**c**	g	**e**	**c**	**a**	**r**	**d**	**i**	**g**	**a**	**n**	m
v	**t**	**s**	t	é	ê	m	d	**s**	**a**	**m**	**a**	**j**	**y**	**p**	h	s

Word Search Solution #16

f	t	é	v	**d**	c	e	b	x	**é**	n	s	j	s	u	e	i
v	t	v	**n**	**o**	**r**	**r**	**a**	**m**	d	**c**	s	r	a	b	**x**	t
j	n	**o**	x	c	d	b	é	t	j	d	**n**	t	n	**u**	g	j
x	**l**	m	**o**	**t**	r	**e**	**n**	**u**	**a**	**j**	n	**o**	**a**	**r**	n	u
b	u	t	**r**	**e**	**n**	**o**	**i**	**r**	m	r	l	**e**	**f**	**u**	**c**	**b**
f	**b**	b	**a**	**l**	m	f	o	s	n	u	**d**	o	g	**e**	m	**l**
l	**e**	**f**	**n**	**o**	b	l	u	a	j	**r**	n	d	m	**l**	b	**a**
d	**i**	m	**g**	**i**	c	r	e	u	**o**	t	f	c	**l**	**u**	x	**n**
v	**g**	e	**e**	**v**	a	r	l	**b**	j	r	n	c	s	**o**	l	**c**
u	**e**	**l**	**b**	r	c	**e**	**g**	**u**	**o**	**r**	a	b	m	**c**	d	é

136

Word Search Solution #17

g	o	**é**	é	j	g	l	f	a	c	g	g	v	n	j	v	é
b	e	**g**	**c**	d	g	g	o	**b**	v	f	t	i	n	s	n	i
c	a	u	**r**	**n**	u	g	f	n	**l**	j	e	u	j	s	g	**f**
r	o	e	**m**	**i**	**o**	i	**c**	**c**	e	**o**	l	e	d	j	**i**	b
i	t	u	d	**a**	**s**	**f**	**o**	**n**	n	c	**n**	g	o	**v**	e	e
o	e	m	f	r	**r**	**u**	é	e	**a**	m	c	**d**	j	x	o	**e**
n	l	x	n	v	**l**	**r**	r	o	u	**l**	f	a	u	v	**b**	**g**
f	**o**	b	d	**e**	t	d	**o**	v	a	i	**b**	c	r	i	**l**	**u**
m	**i**	u	**u**	**t**	**r**	**e**	**v**	**n**	**e**	**s**	**o**	**r**	g	b	**e**	**o**
e	**v**	**r**	n	o	a	**o**	**r**	**a**	**n**	**g**	**e**	a	r	g	**u**	**r**

Word Search Solution #18

r	**u**	**e**	**l**	**u**	**o**	**c**	a	x	f	**v**	n	u	**x**	e	s	m
s	s	f	s	j	l	e	**r**	v	**i**	e	x	x	**u**	e	o	l
f	i	n	d	t	s	**i**	x	**f**	**e**	f	s	u	**a**	n	n	b
i	u	d	**b**	a	**o**	é	**e**	**g**	**u**	**o**	**r**	s	**e**	n	s	b
r	n	**m**	**e**	**n**	x	l	**n**	i	b	m	m	s	**d**	**i**	c	s
r	o	**a**	**i**	é	g	**a**	x	x	**j**	u	b	**u**	**r**	l	é	g
r	g	**r**	**g**	v	r	i	i	g	l	**a**	**e**	**g**	**o**	**o**	n	t
j	d	**r**	**e**	**o**	l	e	i	u	d	**l**	**u**	**c**	**b**	**o**	s	t
i	f	**o**	u	d	s	r	n	m	**b**	**é**	**c**	**n**	**o**	**f**	f	**e**
o	u	**n**	u	f	t	é	r	c	**v**	**i**	**o**	**l**	**e**	**t**	o	b

Word Search Solution #19

x	u	a	e	d	r	o	b	m	f	l	e	v	x	f	o	t
e	c	c	d	s	b	l	a	n	c	v	e	i	g	r	u	v
u	g	e	m	b	b	l	e	u	l	i	j	f	a	o	i	f
r	v	b	u	a	v	g	u	d	e	o	d	n	e	d	a	c
x	u	v	m	c	v	f	s	a	j	l	g	d	g	d	r	n
r	s	e	e	f	g	b	f	s	x	e	v	o	i	b	f	o
f	i	r	l	r	l	b	g	i	r	t	t	e	r	o	r
e	l	o	u	u	t	t	l	r	v	g	x	i	b	o	n	r
f	c	e	n	x	o	i	t	g	t	t	m	a	t	s	c	a
e	é	l	n	l	é	c	f	b	g	i	m	d	d	e	é	m

Word Search Solution #20

a	x	x	e	e	é	c	r	i	o	n	s	l	f	n	m	d
c	x	d	x	n	u	m	a	t	l	m	f	é	x	a	b	v
o	o	e	r	u	f	o	n	c	é	i	f	r	s	d	j	r
v	r	u	e	a	n	u	f	s	v	f	g	r	x	m	b	t
e	g	a	l	j	b	s	x	u	a	e	d	r	o	b	a	t
r	o	b	n	e	v	f	s	o	g	d	j	m	e	s	o	r
t	v	l	g	g	u	c	b	é	r	n	r	o	u	g	e	x
u	v	a	r	n	e	r	m	l	i	o	o	x	f	c	j	a
c	f	n	g	j	o	b	t	r	s	l	a	b	m	a	i	u
t	o	c	n	e	g	i	e	b	g	b	v	j	é	o	n	s

Word Search Solution #21

e	r	v	e	n	d	r	e	d	i	i	e	e	h	s	n	t
c	r	i	d	r	a	m	s	a	i	s	o	n	j	e	v	j
r	e	v	i	h	j	é	c	r	f	c	û	m	p	p	a	u
u	n	l	c	e	r	h	v	e	v	n	t	o	e	t	j	i
o	e	i	u	l	i	d	u	i	s	r	i	t	b	e	r	l
s	b	d	o	e	j	b	û	r	b	u	l	u	a	m	u	l
i	i	s	e	j	f	b	l	v	d	o	d	a	j	b	b	e
m	c	m	l	h	m	t	e	é	û	j	l	o	o	r	e	t
i	m	o	i	s	m	p	u	f	a	t	i	p	o	e	b	e
d	f	l	f	i	r	n	o	v	e	m	b	r	e	i	a	n

Word Search Solution #22

e	r	b	m	e	v	o	n	p	û	f	t	m	p	i	s	e
t	t	n	e	r	b	m	e	t	p	e	s	e	d	û	a	h
j	a	j	û	j	m	o	i	d	r	é	i	m	j	j	m	c
u	d	a	e	u	é	i	v	d	h	a	a	é	t	a	e	n
i	v	h	u	j	i	s	i	é	e	f	v	c	a	n	d	a
l	i	m	u	t	l	t	û	o	a	r	f	r	f	v	i	m
l	h	t	a	d	o	h	o	v	é	û	d	h	s	i	d	i
e	n	u	p	r	é	m	é	r	s	a	h	n	u	e	n	d
t	r	c	u	b	s	t	n	r	e	v	i	h	e	r	u	j
a	c	c	v	p	l	t	é	e	t	j	t	û	v	v	l	u

Word Search Solution #23

r	**j**	**u**	**i**	**l**	**l**	**e**	**t**	é	**s**	u	o	r	i	r	v	o
i	l	e	j	s	f	e	l	**n**	**e**	**s**	**i**	**d**	**r**	**a**	**m**	û
û	h	p	n	i	v	c	b	**o**	**p**	**o**	v	o	b	j	j	û
j	s	h	a	f	t	h	e	**v**	**t**	**u**	h	é	m	i	**a**	é
m	**s**	d	**j**	**o**	**u**	**r**	c	**e**	**e**	**r**	m	f	p	**v**	r	**s**
b	e	**a**	p	**j**	u	f	**a**	**m**	**m**	**c**	l	û	**r**	u	d	**a**
l	**s**	**é**	**i**	t	e	n	**a**	**b**	**b**	**e**	o	**i**	h	c	t	**m**
m	f	**r**	**t**	**s**	v	u	n	**r**	**r**	f	**l**	p	r	p	d	**e**
b	r	d	**a**	**é**	**o**	**i**	**d**	**e**	**e**	**r**	**b**	**m**	**e**	**c**	**é**	**d**
v	d	û	i	**m**	o	n	f	**i**	**o**	**c**	**t**	**o**	**b**	**r**	**e**	**i**

Word Search Solution #24

r	c	**t**	**û**	**o**	**a**	b	û	u	**e**	i	b	i	û	p	**n**	**m**
u	**i**	**d**	**e**	**m**	**a**	**s**	e	**h**	f	**s**	m	j	e	**m**	**o**	**a**
o	h	s	f	**j**	n	a	**c**	**v**	**i**	**e**	f	p	f	**o**	**v**	**r**
j	**c**	p	v	m	**a**	**n**	v	**r**	**d**	**p**	**m**	l	i	**i**	**e**	**d**
c	v	**t**	n	o	**a**	**n**	c	**e**	**n**	**t**	**s**	**a**	i	**s**	**m**	**i**
n	s	t	**o**	**m**	f	é	**v**	**v**	**u**	**e**	j	**a**	**i**	s	**b**	p
f	h	f	**i**	**b**	t	v	m	**i**	**l**	**m**	**o**	**u**	i	d	**r**	n
s	d	**d**	d	h	**r**	o	m	**h**	**e**	**b**	n	û	l	**s**	**e**	e
i	m	h	l	e	û	**e**	**i**	**d**	**e**	**r**	**c**	**r**	**e**	**m**	**o**	é
r	u	r	c	o	u	a	d	o	t	**e**	o	s	p	l	f	**n**

Word Search Solution #25

û	d	j	a	t	s	**e**	**r**	**b**	**m**	**e**	**t**	**p**	**e**	**s**	f	r
d	l	f	c	h	**v**	é	û	**n**	é	**a**	û	m	é	**s**	l	d
é	r	é	v	**d**	e	**e**	**o**	m	u	c	**j**	û	d	**i**	**j**	h
c	p	f	s	b	**i**	**v**	**n**	**t**	b	u	f	p	t	**o**	**e**	h
e	a	é	n	r	**e**	**m**	**o**	**d**	**i**	**m**	**a**	**r**	**s**	**m**	**u**	t
m	i	l	i	**m**	é	**m**	**a**	**l**	**r**	t	p	j	j	**i**	**d**	c
b	a	i	**b**	v	n	m	**l**	**n**	p	e	f	**d**	l	**i**	e
r	a	**r**	û	**e**	**m**	**e**	h	c	c	**c**	é	**d**	**n**	e	v	i	h
e	**e**	h	u	**a**	**t**	l	f	s	l	**h**	**u**	**i**	h	r	e	n
h	v	**n**	**i**	**u**	**j**	r	û	l	e	**l**	**e**	m	f	**é**	**t**	**é**

Word Search Solution #26

l	**r**	**u**	**e**	**o**	**s**	**e**	**l**	**l**	**e**	**b**	m	g	d	r	a	i
m	f	s	r	é	**g**	u	è	**d**	**e**	**m**	**i**	**f**	**r**	**è**	**r**	**e**
s	d	**b**	**s**	g	**r**	**e**	**r**	**è**	**p**	**u**	**a**	**e**	**b**	e	p	é
l	n	**e**	**t**	n	**a**	**p**	**a**	**p**	**f**	**i**	**l**	**l**	**e**	p	d	i
e	d	**a**	**n**	b	**n**	**e**	**m**	d	a	e	**e**	è	**o**	l	o	t
v	r	**u**	**e**	g	**d**	**m**	**a**	c	e	u	**t**	**n**	**n**	b	l	v
d	g	**f**	**r**	v	**m**	**a**	**r**	é	a	o	**n**	**e**	**c**	**e**	o	r
s	é	**i**	**a**	**r**	**è**	**m**	**i**	p	é	é	**a**	**v**	**l**	**r**	d	b
s	m	**l**	**p**	m	**r**	**a**	**é**	e	i	r	**t**	**e**	**e**	**è**	n	è
t	l	**s**	**u**	g	**e**	**n**	**e**	i	é	f	d	**u**	o	**p**	s	v

Word Search Solution #27

a	**o**	t	m	e	d	s	v	e	**s**	**o**	**e**	**u**	**r**	**p**	l	s
g	u	**n**	e	n	**m**	**a**	**r**	**i**	t	c	m	c	a	**è**	é	l
r	**f**	v	**c**	**n**	**a**	**m**	**a**	**m**	i	r	**o**	a	s	**r**	t	v
a	**a**	s	l	**l**	è	c	p	d	i	n	i	**u**	o	**e**	é	m
n	**m**	**t**	p	**b**	**e**	**a**	**u**	**f**	**i**	**l**	**s**	v	**s**	c	t	r
d	**i**	**n**	s	é	**e**	**r**	**è**	**m**	**e**	**l**	**l**	**e**	**b**	**i**	c	a
m	**l**	**e**	p	u	n	i	c	l	r	l	g	f	c	t	**n**	e
è	**l**	**r**	o	**b**	**e**	**l**	**l**	**e**	**s**	**o**	**e**	**u**	**r**	u	p	l
r	**e**	**a**	r	i	**m**	**a**	**r**	**i**	**é**	**e**	c	s	a	p	é	o
e	a	**p**	r	s	b	**e**	**l**	**l**	**i**	**f**	**e**	**l**	**l**	**e**	**b**	d

Word Search Solution #28

f	**b**	**n**	e	é	v	l	c	g	**b**	**e**	**a**	**u**	**p**	**è**	**r**	**e**
i	**e**	**u**	**i**	p	t	**e**	l	m	e	l	v	f	n	l	è	**e**
l	**a**	v	t	**s**	**r**	g	p	l	c	è	**p**	**a**	**p**	**a**	e	**l**
l	**u**	p	**s**	**è**	**u**	p	i	b	m	b	a	c	é	è	e	**c**
e	**f**	e	**p**	o	**o**	d	é	a	g	**m**	**a**	**r**	**i**	c	**n**
b	**i**	a	m	b	**e**	v	**c**	**n**	c	**è**	d	e	a	e	g	**o**
n	**l**	o	t	é	t	**u**	**i**	**e**	**r**	**è**	**p**	**d**	**n**	**a**	**r**	**g**
p	**s**	u	r	o	a	**è**	**r**	**e**	c	**g**	**u**	**e**	**v**	**e**	**n**	f
é	**s**	m	e	o	**c**	**s**	**t**	**n**	**e**	**r**	**a**	**p**	e	s	d	n
v	u	u	a	**e**	m	s	v	u	u	a	s	l	e	i	l	l

Word Search Solution #29

é	**f**	**a**	**m**	**i**	**l**	**l**	**e**	p	**e**	p	e	s	b	m	r	a
d	**e**	r	p	**s**	**b**	o	**b**	s	**r**	p	**e**	m	u	v	d	v
f	**r**	c	c	**l**	**e**	b	**e**	c	**è**	l	d	**s**	t	s	g	o
c	**è**	r	**m**	**i**	l	d	**a**	g	**m**	l	è	v	**u**	c	u	o
n	**r**	n	**a**	**f**	l	o	**u**	**e**	**d**	g	g	s	**u**	**o**	m	p
i	**f**	é	**r**	**e**	**e**	r	**p**	**r**	**n**	**s**	**o**	**e**	**u**	**r**	**p**	i
s	g	**a**	**i**	**l**	**m**	b	**è**	**r**	**a**	**m**	**è**	**b**	**r**	m	o	**é**
u	o	d	**é**	**l**	**è**	g	**r**	i	**r**	**i**	**r**	**a**	**m**	**è**	p	i
o	d	s	**e**	**i**	**r**	o	**e**	t	**g**	b	**è**	c	e	f	**m**	é
c	d	r	c	**f**	**e**	l	s	d	**p**	**a**	**r**	**e**	**n**	**t**	**s**	e

Word Search Solution #30

l	o	f	**e**	**n**	**r**	**u**	**e**	**o**	**s**	**e**	**l**	**l**	**e**	**b**	b	u
e	f	d	c	**l**	**i**	p	**d**	**e**	**m**	**i**	**f**	**r**	**è**	**r**	**e**	e
b	m	r	s	d	**l**	**è**	**o**	**n**	**c**	**l**	**e**	**e**	b	b	o	é
u	**r**	s	r	**m**	i	**i**	**c**	l	e	t	**r**	b	f	**f**	**p**	r
e	**u**	p	d	é	**a**	è	**m**	e	**s**	**è**	p	e	**i**	**a**	a	**m**
v	**e**	**e**	s	t	s	**m**	e	**a**	**p**	e	**e**	**l**	**r**	b	l	**a**
e	o	f	r	i	n	n	**a**	**u**	**f**	**t**	**l**	**e**	é	b	o	**r**
n	**s**	**è**	**l**	**è**	**g**	**g**	**a**	**n**	**n**	**e**	**n**	o	o	é	t	**i**
f	c	f	a	s	**p**	e	e	**a**	a	**t**	i	d	i	n	b	**é**
s	a	f	m	o	**b**	**è**	**t**	f	**s**	p	è	p	i	g	s	**e**

Word Search Solution #31

a	g	v	u	l	r	o	**e**	**z**	**i**	**e**	**r**	**t**	m	n	m	o
u	l	h	f	t	d	a	**s**	**t**	**n**	**e**	**c**	**f**	**u**	**e**	**n**	s
a	**o**	**n**	**z**	**e**	é	**e**	**m**	**t**	n	h	**s**	i	i	h	l	f
z	d	s	m	o	**z**	**i**	c	m	**n**	**t**	v	**e**	u	o	l	**e**
q	p	n	v	**n**	**l**	c	a	d	c	**e**	**r**	l	**i**	é	u	**r**
u	h	t	**i**	**l**	x	e	r	l	v	z	**c**	**o**	q	**z**	c	**b**
e	g	**u**	**e**	**z**	**r**	**o**	**t**	**a**	**u**	**q**	é	**x**	**i**	e	**e**	**m**
b	q	e	**c**	**i**	**n**	**q**	**u**	**a**	**n**	**t**	**e**	a	**i**	s	q	o
o	é	m	**h**	**u**	**i**	**t**	**c**	**e**	**n**	**t**	**s**	d	q	**s**	s	**n**
o	**r**	**é**	**z**	q	**u**	**n**	**m**	**i**	**l**	**l**	**i**	**a**	**r**	**d**	h	h

---

Word Search Solution #32

l	v	**u**	v	h	**o**	**s**	x	u	n	p	é	**r**	n	u	é	**x**
p	c	**n**	**n**	**r**	n	t	v	p	f	**f**	o	b	v	a	d	**u**
l	**e**	b	**é**	**i**	t	**n**	o	g	**u**	m	**q**	f	e	l	**e**	**e**
d	**q**	**z**	e	**é**	**z**	**e**	o	**e**	r	g	**u**	o	**e**	r	**t**	**d**
x	p	**n**	**u**	s	a	**c**	**n**	e	i	h	**a**	**z**	**z**	f	**n**	**e**
g	x	e	**i**	**o**	**p**	**t**	**f**	a	**d**	s	t	h	**i**	i	e	**r**
t	q	h	c	**c**	**d**	**p**	b	l	**i**	e	**r**	o	**e**	u	**r**	**b**
a	l	g	n	i	m	**e**	l	x	**x**	t	e	a	**s**	q	**t**	**m**
e	o	v	u	p	s	**s**	**t**	**n**	**e**	**c**	**t**	**i**	**u**	**h**	r	o
h	v	**m**	**i**	**l**	**l**	**e**	n	d	b	é	p	s	l	q	i	**n**

Word Search Solution #33

h	**s**	**t**	**n**	**e**	**c**	**e**	**r**	**t**	**a**	**u**	**q**	u	c	n	a	r
c	h	x	s	r	**s**	**t**	**n**	**e**	**c**	**t**	**i**	**u**	**h**	**u**	**n**	z
i	d	c	o	c	**e**	**z**	**n**	**o**	i	p	f	t	b	é	z	u
n	**e**	**t**	**n**	**a**	**u**	**q**	**n**	**i**	**c**	**q**	**t**	z	f	b	i	**x**
q	a	r	e	p	**x**	**i**	**s**	m	h	**u**	l	**g**	c	b	**u**	q
c	b	o	**f**	**u**	**e**	**n**	**x**	**i**	**d**	**a**	p	m	**n**	**e**	v	é
e	a	**t**	**r**	**o**	**i**	**s**	**c**	**e**	**n**	**t**	**s**	g	**d**	**i**	u	c
n	z	q	c	a	l	i	é	b	p	**r**	x	t	l	x	**v**	b
t	n	m	x	n	h	é	h	q	r	**e**	**t**	**p**	**e**	**s**	é	q
s	**e**	**t**	**n**	**a**	**r**	**a**	**u**	**q**	m	a	o	h	u	p	s	h

Word Search Solution #34

e	i	**s**	o	**t**	n	x	**d**	z	v	r	f	t	e	i	**n**	p
s	**e**	**t**	s	r	x	**n**	**r**	**s**	u	v	q	h	s	c	**o**	o
i	**t**	**n**	**t**	o	e	**e**	**a**	**o**	s	**e**	**z**	**i**	**e**	**s**	**i**	g
x	**n**	**e**	**r**	**i**	o	**u**	**i**	**i**	**n**	o	g	**d**	u	**e**	**l**	é
c	**a**	**c**	**o**	**s**	s	**f**	**l**	**x**	**o**	h	z	**i**	f	**z**	**l**	a
e	**u**	**q**	**i**	**c**	s	**c**	**l**	**a**	**m**	t	c	**x**	n	**i**	**i**	q
n	**q**	**n**	**s**	**e**	**t**	**e**	**i**	**n**	**b**	i	i	n	a	**e**	**m**	p
t	**n**	**i**	e	**n**	**n**	**n**	**m**	**t**	**r**	q	t	**e**	l	**r**	**n**	i
s	**i**	**c**	q	**t**	**e**	**t**	**n**	**e**	**e**	c	é	**u**	g	**t**	**u**	z
g	**c**	d	t	**s**	**c**	**s**	**u**	m	p	d	n	**f**	o	e	d	a

Word Search Solution #35

u	a	z	x	i	d	e	t	n	a	x	i	o	s	o	f	d
n	z	e	q	d	e	u	x	c	e	n	t	s	x	é	z	a
m	l	t	é	s	m	s	t	n	e	c	s	i	o	r	t	v
i	v	n	z	e	e	e	r	m	i	l	l	e	e	q	v	d
l	q	a	s	i	r	z	f	g	d	m	g	l	z	e	m	v
l	é	r	e	z	t	i	u	a	r	d	d	l	z	b	u	b
i	d	a	x	e	a	e	e	m	n	z	c	n	p	p	r	l
a	x	u	g	é	u	r	n	x	c	m	i	e	x	f	n	u
r	e	q	c	r	q	t	q	i	n	u	u	z	d	b	h	u
d	x	t	p	e	s	x	i	d	q	z	v	s	l	x	v	z

Word Search Solution #36

t	f	p	v	m	i	e	y	z	c	a	d	e	f	a	n	v
b	r	s	e	l	a	d	g	y	m	a	l	â	ô	p	t	i
z	o	z	y	j	â	d	e	è	e	u	i	b	e	e	o	s
n	n	y	è	l	x	v	g	s	a	t	l	f	p	i	h	a
e	t	a	u	è	ê	t	f	p	s	h	ê	l	ê	s	a	g
g	l	f	s	v	l	é	é	z	n	i	z	t	y	s	n	e
r	b	i	a	r	m	h	a	i	é	é	u	l	o	e	c	x
o	h	p	e	e	v	b	â	m	l	p	i	c	a	v	h	d
g	è	ê	h	o	j	a	m	b	e	c	é	d	â	b	e	ô
a	v	n	j	y	j	ô	f	é	v	g	e	n	o	u	f	n

Word Search Solution #37

s	h	**p**	**o**	**u**	**m**	**o**	**n**	g	a	o	**l**	**v**	ê	p	**o**	â
d	u	d	**l**	**i**	**c**	**r**	**u**	**o**	**s**	d	**è**	**e**	x	n	**e**	x
e	**h**	**c**	**a**	**t**	**s**	**u**	**o**	**m**	j	z	**v**	**i**	p	j	**i**	j
p	**a**	**u**	**p**	**i**	**è**	**r**	**e**	l	x	**l**	**r**	**n**	a	â	**l**	**e**
ô	**e**	ê	**o**	**n**	b	d	f	d	**e**	**a**	**e**	**e**	z	s	g	**h**
e	**s**	ê	b	j	**i**	è	**è**	r	**c**	**n**	z	x	z	o	n	**c**
é	**s**	j	a	b	â	**e**	p	s	**u**	**g**	r	**t**	**n**	**e**	**d**	**n**
m	**i**	é	g	h	a	ô	**r**	**i**	**o**	**u**	d	â	c	è	x	**a**
o	**u**	o	**t**	**n**	**o**	**r**	**f**	f	**p**	**e**	a	n	v	y	a	**h**
r	**c**	z	o	j	b	a	x	f	â	f	ô	l	a	z	l	ê

Word Search Solution #38

e	u	i	d	r	**d**	**o**	**i**	**g**	**t**	d	e	d	c	y	ô	a
o	**r**	**u**	**e**	**s**	**s**	**u**	**o**	**r**	**e**	**d**	**s**	**e**	**h**	**c**	**a**	**t**
p	è	**p**	i	f	**o**	j	y	j	x	v	p	**n**	**i**	**e**	**r**	u
i	v	**e**	f	v	**d**	**t**	**a**	**i**	**l**	**l**	**e**	s	e	t	e	i
p	r	**a**	**f**	v	ê	â	**e**	**i**	**o**	**f**	r	n	è	j	**e**	s
v	é	**u**	ê	**r**	é	j	**v**	**i**	**s**	**a**	**g**	**e**	ê	u	**b**	p
e	f	p	l	g	**e**	y	i	m	d	f	g	m	x	b	**m**	m
i	j	m	n	t	**n**	m	o	**e**	**h**	**c**	**n**	**a**	**h**	**a**	d
n	d	a	l	p	p	**p**	**o**	**u**	**m**	**o**	**n**	d	x	u	**j**	â
e	**l**	**a**	**r**	**b**	**é**	**t**	**r**	**e**	**v**	**e**	**n**	**n**	**o**	**l**	**o**	**c**

Word Search Solution #39

l	z	o	**e**	b	è	u	d	**g**	**e**	**n**	**o**	**u**	é	f	ô
e	l	m	**r**	**t**	**e**	**c**	**i**	**d**	**n**	**e**	**p**	**p**	**a**	â	f	è
c	n	é	**i**	u	n	ê	x	ô	é	x	a	v	d	ê	â	**p**
u	h	d	**o**	ê	a	**e**	x	**c**	**h**	**e**	**v**	**e**	**u**	**x**	j	**o**
o	c	m	**h**	**s**	g	ê	**d**	v	n	p	v	j	o	ê	é	**i**
p	a	u	**c**	**c**	**a**	r	t	o	v	f	n	**r**	**e**	**i**	**n**	**g**
t	f	y	**â**	è	z	**r**	t	ô	d	**o**	**n**	**g**	**l**	**e**	**o**	**n**
c	**i**	**l**	**m**	u	z	c	**b**	**e**	**b**	**r**	**a**	**b**	a	x	**s**	**e**
â	z	a	è	i	b	â	n	g	d	a	â	c	ô	b	c	**t**
f	**s**	**e**	**l**	**a**	**d**	**g**	**y**	**m**	**a**	t	ô	v	é	n	d	x

Word Search Solution #40

t	**a**	**i**	**l**	**l**	**e**	è	f	ê	j	x	z	e	ê	t	**l**	ê
m	g	â	d	h	b	**é**	**p**	**a**	**u**	**l**	**e**	i	u	**è**	v	j
c	**o**	**p**	**o**	**u**	**m**	**o**	**n**	â	j	**u**	e	â	**v**	m	m	**v**
u	é	**u**	v	h	u	n	**e**	**d**	**u**	**o**	**c**	**r**	é	c	n	**i**
i	v	ê	**s**	**m**	h	o	c	**n**	é	**c**	**e**	f	d	h	**b**	**s**
s	m	v	ô	**t**	**u**	**e**	**r**	**i**	**o**	**h**	**c**	**â**	**m**	l	**r**	**a**
s	m	g	e	s	**a**	**s**	é	e	u	**t**	d	j	v	u	**a**	**g**
e	h	b	t	f	x	**c**	**c**	i	z	p	**n**	z	d	p	**s**	**e**
j	**a**	**m**	**b**	**e**	f	x	**h**	**l**	r	v	è	**e**	l	d	s	n
m	b	x	s	y	d	p	g	**e**	**e**	ô	d	é	**m**	d	y	r

Word Scramble Hints

#1 - 1) badger 2) crocodile 3) tortoise 4) giraffe 5) llama 6) mouse 7) pig

#2 - 1) lion 2) beaver 3) wolf 4) dog 5) panther 6) anteater 7) alligator

#3 - 1) porcupine 2) leopard 3) tiger 4) mouse 5) badger 6) jaguar 7) cow

#4 - 1) porcupine 2) armadillo 3) hyena 4) leopard 5) chipmunk 6) deer 7) monkey

#5 - 1) chipmunk 2) gorilla 3) baboon 4) tiger 5) wolf 6) sheep 7) frog

#6 - 1) radio 2) vase 3) washing machine 4) freezer 5) house 6) drinking glass 7) couch

#7 - 1) rubbish bag 2) roof 3) pail 4) dish 5) switch 6) blanket 7) frying pan

#8 - 1) staircase 2) ashtray 3) plate 4) clock 5) drier 6) image 7) glass

#9 - 1) rubbish can 2) wallet 3) torch 4) ashtray 5) glass 6) fork 7) tin

#10 - 1) bookcase 2) sheet 3) carpet 4) staircase 5) blanket 6) picture 7) napkin

Word Scramble Hints

#11 - 1) bikini 2) handkerchief 3) gloves 4) shirt 5) stockings 6) zip 7) briefs

#12 - 1) bathing suit 2) skirt 3) overalls 4) waistcoat 5) jeans 6) glove 7) handkerchief

#13 - 1) corset 2) umbrella 3) overcoat 4) zip 5) trousers 6) overalls 7) blouse

#14 - 1) trousers 2) running shoes 3) glove 4) suit 5) shirt 6) tights 7) bathing suit

#15 - 1) jumper 2) slippers 3) handkerchief 4) cap 5) hiking boots 6) bikini 7) running shoes

#16 - 1) pink 2) maroon 3) purple 4) blue 5) orange 6) yellow 7) white

#17 - 1) blue 2) yellow 3) orange 4) bright 5) red 6) maroon 7) beige

#18 - 1) beige 2) bright 3) grey 4) maroon 5) yellow 6) green 7) brown

#19 - 1) maroon 2) red 3) blue 4) green 5) black 6) bright 7) white

#20 - 1) white 2) beige 3) colour 4) orange 5) blue 6) grey 7) bright

Word Scramble Hints

#21 - 1) Sunday 2) August 3) May 4) March 5) April
6) Friday 7) winter

#22 - 1) May 2) Saturday 3) Sunday 4) July 5) winter
6) spring 7) season

#23 - 1) June 2) Thursday 3) month 4) May 5) winter
6) spring 7) July

#24 - 1) November 2) March 3) spring 4) Friday
5) winter 6) May 7) January

#25 - 1) Monday 2) May 3) season 4) June 5) Sunday
6) autumn 7) Tuesday

#26 - 1) stepson 2) dad 3) aunt 4) cousin 5) grandmother
6) stepbrother 7) father

#27 - 1) bride 2) stepsister 3) wife 4) niece 5) daughter
6) mum 7) dad

#28 - 1) daughter 2) brother 3) grandchild 4) stepson
5) parent 6) niece 7) sister

#29 - 1) stepson 2) nephew 3) stepdaughter 4) husband
5) daughter 6) aunt 7) brother

#30 - 1) sister 2) nephew 3) uncle 4) son 5) grandfather
6) stepmother 7) brother

Word Scramble Hints

#31 - 1) sixteen 2) two 3) zero 4) thirteen 5) seventeen 6) seventy 7) eight hundred

#32 - 1) three 2) three hundred 3) thirty 4) nine hundred 5) one hundred 6) nine 7) one billion

#33 - 1) four 2) zero 3) sixty 4) one million 5) thirteen 6) one 7) one thousand

#34 - 1) three 2) nine hundred 3) nineteen 4) ten 5) two 6) one thousand 7) eighty

#35 - 1) three hundred 2) four hundred 3) fourteen 4) twelve 5) two 6) four 7) one million

#36 - 1) knee 2) belly 3) foot 4) backbone 5) elbow 6) breast 7) brain

#37 - 1) gland 2) shoulder 3) fist 4) arm 5) brain 6) iris 7) appendix

#38 - 1) eye 2) bone 3) tooth 4) waist 5) joint 6) freckles 7) eyelid

#39 - 1) muscle 2) parts of the body 3) knee 4) feet 5) nose 6) body 7) jaw

#40 - 1) tongue 2) tonsils 3) blood 4) joint 5) waist 6) knuckle 7) brain

Word Scramble Solutions

#1 - 1) blaireau   2) crocodile   3) tortue   4) girafe   5) lama
6) souris   7) cochon

#2 - 1) lion   2) castor   3) loup   4) chien   5) panthère
6) foumillier   7) alligator

#3 - 1) porc-épic   2) léopard   3) tigre   4) souris   5) blaireau
6) jaguar   7) vache

#4 - 1) porc-épic   2) tatou   3) hyène   4) léopard   5) tamia
6) cerf   7) singe

#5 - 1) tamia   2) gorille   3) babouin   4) tigre   5) loup
6) mouton   7) grenouille

#6 - 1) poste de radio   2) vase   3) machine à laver
4) congélateur   5) maison   6) verre   7) canapé

#7 - 1) sac poubelle   2) toit   3) seau   4) plat   5) interrupteur
6) couverture   7) poêle

#8 - 1) escalier   2) cendrier   3) assiette   4) horloge
5) sèche-linge   6) image   7) verre

#9 - 1) poubelle   2) portefeuille   3) lampe de poche
4) cendrier   5) verre   6) fourchette   7) boîte

#10 - 1) bibliothèque   2) drap   3) tapis   4) escalier
5) couverture   6) tableau   7) serviette

Word Scramble Solutions

#11 - 1) bikini   2) mouchoir   3) gants   4) chemise   5) collants   6) fermeture-éclair   7) slip

#12 - 1) maillot de bain   2) jupe   3) salopette   4) gilet   5) jeans   6) gant   7) mouchoir

#13 - 1) corset   2) parapluie   3) manteau   4) fermeture-éclair   5) pantalon   6) salopette   7) chemisier

#14 - 1) pantalon   2) baskets   3) gant   4) costume   5) chemise   6) collants   7) maillot de bain

#15 - 1) robe   2) pantoufles   3) mouchoir   4) casquette   5) chaussures de randonnée   6) bikini   7) baskets

#16 - 1) rose   2) bordeaux   3) violet   4) bleu   5) orange   6) jaune   7) blanc

#17 - 1) bleu   2) jaune   3) orange   4) vif   5) rouge   6) bordeaux   7) beige

#18 - 1) beige   2) vif   3) gris   4) bordeaux   5) jaune   6) vert   7) marron

#19 - 1) bordeaux   2) rouge   3) bleu   4) vert   5) noir   6) vif   7) blanc

#20 - 1) blanc   2) beige   3) couleur   4) orange   5) bleu   6) gris   7) vif

Word Scramble Solutions

#21 - 1) dimanche 2) août 3) mai 4) mars 5) avril 6) vendredi 7) hiver

#22 - 1) mai 2) samedi 3) dimanche 4) juillet 5) hiver 6) source 7) saison

#23 - 1) juin 2) jeudi 3) mois 4) mai 5) hiver 6) source 7) juillet

#24 - 1) novembre 2) mars 3) source 4) vendredi 5) hiver 6) mai 7) janvier

#25 - 1) lundi 2) mai 3) saison 4) juin 5) dimanche 6) automne 7) mardi

#26 - 1) beau-fils 2) papa 3) tante 4) cousin 5) grand-mère 6) demi-frère 7) père

#27 - 1) mariée 2) belle-soeur 3) épouse 4) nièce 5) fille 6) maman 7) papa

#28 - 1) fille 2) frère 3) petit-fils 4) beau-fils 5) parents 6) nièce 7) soeur

#29 - 1) beau-fils 2) neveu 3) belle-fille 4) mari 5) fille 6) tante 7) frère

#30 - 1) soeur 2) neveu 3) oncle 4) fils 5) grand-père 6) belle-mère 7) frère

Word Scramble Solutions

#31 - 1) seize 2) deux 3) zéro 4) treize 5) dix-sept
6) soixante-dix 7) huit cents

#32 - 1) trois 2) trois cents 3) trente 4) neuf cents 5) cent
6) neuf 7) un milliard

#33 - 1) quatre 2) zéro 3) soixante 4) un million 5) treize
6) un 7) mille

#34 - 1) trois 2) neuf cents 3) dix-neuf 4) dix 5) deux
6) mille 7) quatre-vingts

#35 - 1) trois cents 2) quatre cents 3) quatorze 4) douze
5) deux 6) quatre 7) un million

#36 - 1) genou 2) ventre 3) pied 4) colonne vertébrale
5) coude 6) sein 7) cerveau

#37 - 1) glande 2) épaule 3) poing 4) bras 5) cerveau
6) iris 7) appendice

#38 - 1) oeil 2) os 3) dent 4) taille 5) articulation
6) taches de rousseur 7) paupière

#39 - 1) muscle 2) parties du corps 3) genou 4) pieds
5) nez 6) corps 7) mâchoire

#40 - 1) langue 2) amygdales 3) sang 4) articulation
5) taille 6) articulation 7) cerveau

Word Quiz Solutions

#1 - 1) b - fox 2) a - lynx 3) a - donkey 4) d - mule
5) a - koala 6) b - aardvark 7) b - deer 8) a - gazelle
9) a - panther 10) b - cheetah

#2 - 1) b - cougar 2) d - panther 3) c - camel
4) d - aardvark 5) d - sheep 6) a - lynx 7) c - badger
8) a - cow 9) b - baboon 10) a - monkey

#3 - 1) d - bull 2) a - crocodile 3) d - tortoise 4) b - cougar
5) d - monkey 6) c - camel 7) c - panda 8) c - frog
9) d - cow 10) d - mouse

#4 - 1) b - jaguar 2) a - grenouille 3) c - tigre
4) b - animal 5) d - lion 6) b - alligator 7) c - hyène
8) d - oryctérope du Cap 9) c - lynx 10) d - cheval

#5 - 1) b - animal 2) b - souris 3) a - porc-épic
4) b - hippopotame 5) c - girafe 6) b - gorille 7) c - lynx
8) c - alligator 9) a - rhinocéros 10) a - lama

#6 - 1) d - freezer 2) d - radio 3) d - fork 4) a - torch
5) d - stove 6) d - blanket 7) d - switch 8) c - roof
9) b - toilet 10) b - bowl

#7 - 1) c - switch 2) a - image 3) c - painting 4) b - purse
5) d - drawer 6) b - pail 7) a - frying pan 8) c - key
9) a - bottle 10) d - bowl

Word Quiz Solutions

#8 - 1) c - sheet 2) c - broom 3) b - alarm clock
4) d - table 5) a - telephone 6) c - shower 7) b - dresser
8) d - bookcase 9) a - image 10) c - toaster

#9 - 1) b - oreiller 2) c - télévision 3) c - robinet
4) a - congélateur 5) b - sac de couchage 6) d - mixeur
7) d - escalier 8) a - verre 9) d - bouilloire 10) a - tiroir

#10 - 1) d - marmite 2) d - escalier 3) a - tasse
4) c - robinet 5) d - lampe de poche 6) b - grille-pain
7) a - cuisine 8) b - cuillière 9) c - bouilloire
10) c - maison

#11 - 1) c - bra 2) a - skirt 3) a - shirt 4) d - umbrella
5) a - pyjamas 6) d - size 7) a - T-shirt 8) a - scarf
9) d - hat 10) b - belt

#12 - 1) d - glove 2) d - gloves 3) d - slippers 4) d - socks
5) a - running shoes 6) c - sweatshirt 7) c - belt
8) c - blouse 9) a - skirt 10) b - handkerchief

#13 - 1) d - bra 2) d - overalls 3) a - cap 4) c - zip
5) d.- pyjamas 6) b - sandals 7) a - size 8) b - socks
9) a - jeans 10) b - skirt

#14 - 1) d - pantalon 2) b - vêtements 3) c - sandales
4) a - bikini 5) b - culotte 6) b - jeans 7) d - gilet
8) d - gant 9) c - robe 10) c - pyjama

Word Quiz Solutions

#15 - 1) a - chaussettes   2) b - pyjama   3) c - chemisier   4) d - écharpe   5) c - mouchoir   6) b - manteau   7) b - T-shirt   8) c - soutien-gorge   9) a - maillot de bain   10) a - corset

#16 - 1) a - red   2) b - yellow   3) d - orange   4) b - green   5) b - blond   6) a - black   7) c - beige   8) c - white   9) d - blue   10) a - maroon

#17 - 1) c - yellow   2) a - dark   3) d - beige   4) c - blond   5) b - purple   6) c - brown   7) d - blue   8) d - pink   9) b - red   10) b - black

#18 - 1) d - yellow   2) c - beige   3) b - pink   4) c - green   5) a - bright   6) c - red   7) d - brown   8) c - blue   9) a - grey   10) b - blond

#19 - 1) c - couleur   2) b - orange   3) d - bleu   4) a - gris   5) b - blond   6) b - marron   7) a - violet   8) a - beige   9) c - blanc   10) d - vert

#20 - 1) a - violet   2) a - bordeaux   3) b - gris   4) d - rouge   5) c - couleur   6) c - jaune   7) b - foncé   8) a - rose   9) b - bleu   10) a - blond

#21 - 1) a - Sunday   2) d - Tuesday   3) d - season   4) c - Wednesday   5) c - June   6) d - May   7) c - July   8) a - Friday   9) b - Monday   10) d - November

Word Quiz Solutions

#22 - 1) b - autumn 2) b - January 3) c - October
4) d - month 5) a - winter 6) b - Saturday 7) c - August
8) d - April 9) d - Friday 10) d - Thursday

#23 - 1) b - July 2) d - Saturday 3) c - Friday 4) c - season
5) a - August 6) a - January 7) c - winter 8) d - March
9) d - month 10) a - October

#24 - 1) d - août 2) d - janvier 3) c - décembre 4) c - été
5) d - jour 6) a - mois 7) c - septembre 8) b - mai
9) d - mardi 10) a - mercredi

#25 - 1) c - mai 2) d - hiver 3) b - août 4) a - mars
5) a - dimanche 6) b - vendredi 7) b - octobre 8) a - jeudi
9) d - lundi 10) c - automne

#26 - 1) d - cousin 2) c - stepdaughter 3) d - grandmother
4) d - sister 5) a - stepfather 6) c - stepmother 7) a - bride
8) c - mum 9) a - parents 10) b - grandfather

#27 - 1) a - grandmother 2) d - mum 3) d - dad
4) c - parents 5) d - stepmother 6) c - aunt 7) d - parent
8) b - daughter 9) d - stepson 10) c - bride

#28 - 1) c - mother 2) d - father 3) c - sister 4) b - aunt
5) b - mum 6) d - family 7) c - parent 8) b - wife
9) b - husband 10) a - relatives

Word Quiz Solutions

#29 - 1) c - beau-fils   2) d - petit-fils   3) c - neveu
4) c - frère   5) a - parents   6) b - famille   7) a - mari
8) d - mariée   9) d - tante   10) c - demi-frère

#30 - 1) d - parents   2) a - maman   3) d - parents
4) a - papa   5) b - épouse   6) d - grand-père   7) d - famille
8) d - beau-père   9) b - beau-fils   10) c - neveu

#31 - 1) d - seventy   2) b - number   3) b - fifteen   4) b - five hundred   5) b - seventeen   6) d - two   7) b - seven hundred
8) b - eight hundred   9) b - thirteen   10) d - one million

#32 - 1) c - one hundred   2) b - four hundred   3) d - number
4) b - seventy   5) b - five   6) a - twenty   7) d - six
8) a - three hundred   9) c - twelve   10) c - one

#33 - 1) c - eleven   2) d - four   3) b - fourteen   4) c - fifteen
5) a - eighty   6) a - number   7) d - one billion   8) c - two
9) d - ninety   10) c - twelve

#34 - 1) c - un million   2) a - sept cents   3) b - quarante
4) c - trente   5) b - quatre   6) d - seize   7) b - six cents
8) a - nombre   9) a - cinq   10) b - huit cents

#35 - 1) c - quatre cents   2) a - dix-sept   3) a - cinq
4) c - sept cents   5) a - neuf cents   6) a - dix-neuf   7) a - un milliard   8) d - cinq cents   9) d - deux cents   10) c - mille

Word Quiz Solutions

#36 - 1) b - tongue   2) c - eye   3) c - brain   4) d - backbone
5) c - feet   6) d - hair   7) a - neck   8) b - fist
9) c - stomach   10) d - foot

#37 - 1) b - appendix   2) b - shoulder   3) b - thigh
4) a - cheek   5) b - kidney   6) c - nerve   7) a - back
8) c - thumb   9) d - fingernail   10) d - rib

#38 - 1) c - eyelash   2) d - hip   3) a - chin   4) c - nerve
5) a - foot   6) d - eyebrow   7) a - lung   8) b - eye
9) c - liver   10) a - hair

#39 - 1) c - cheveux   2) a - moustache   3) d - genou
4) a - sang   5) a - dos   6) d - dents   7) b - cheville
8) d - visage   9) b - main   10) d - vessie

#40 - 1) b - parties du corps   2) c - cou   3) d - foie
4) c - genou   5) d - visage   6) c - muscle   7) a - poumon
8) a - ventre   9) d - iris   10) a - main

Welcome to the Dictionary section!

French words are given in bold, with the English meaning after.

Parts of speech are given in [].

m = masculine noun   mp = masculine plural
f = feminine noun   fp = feminine plural
adj = adjective   adv = adverb
num = number   v = verb

agneau (l') *[m]* - lamb
alligator (l') *[m]* - alligator
amygdales (les) *[fp]* - tonsils
âne (l') *[m]* – donkey
animal (l') *[m]* - animal
août *[m]* - August
appendice (l') *[m]* - appendix
armoire (l') *[f]* - wardrobe
articulation (l') *[f]* - joint, knuckle
artère (l') *[f]* - artery
aspirateur (l') *[m]* - hoover
assiette (l') *[f]* - plate
automne (l') *[m]* - autumn
avril *[m]* - April
babouin (le) *[m]* - baboon
baignoire (la) *[f]* - bath (tub)
balai (le) *[m]* - broom
barbe (la) *[f]* - beard
baskets (les) *[fp]* - running shoes
beau-fils (le) *[m]* - stepson
beau-père (le) *[m]* - stepfather
beige *[adj]* - beige
belle-fille (la) *[f]* - stepdaughter
belle-mère (la) *[f]* - stepmother
belle-soeur (la) *[f]* - stepsister
bibliothèque (la) *[f]* - bookcase
bikini (le) *[m]* - bikini
bison (le) *[m]* - buffalo
blaireau (le) *[m]* - badger
blanc *[adj]* - white
bleu *[adj]* - blue
blond *[adj]* - blond
boîte (la) *[f]* - box, tin
bol (le) *[m]* - bowl
bordeaux *[adj]* - maroon

bouche (la) *[f]* - mouth
bouilloire (la) *[f]* - kettle
bouteille (la) *[f]* - bottle
bras (le) *[m]* - arm
cafetière (la) *[f]* - coffee pot
canapé (le) *[m]* - couch
cardigan (le) *[m]* - cardigan
casquette (la) *[f]* - cap
castor (le) *[m]* - beaver
ceinture (la) *[f]* - belt
cendrier (le) *[m]* - ashtray
cent *[num]* - one hundred
cerf (le) *[m]* - deer
cerveau (le) *[m]* - brain
chaise (la) *[f]* - chair
chameau (le) *[m]* - camel
chapeau (le) *[m]* - hat
chat (le) *[m]* - cat
chaussettes (les) *[fp]* - socks
chaussures de randonnée (les) *[fp]* - hiking boots
chemise (la) *[f]* - shirt
chemisier (le) *[m]* - blouse
cheval (le) *[m]* - horse
cheveux (les) *[mp]* - hair
cheville (la) *[f]* - ankle
chien (le) *[m]* - dog
chèvre (la) *[f]* - goat
cil (le) *[m]* - eyelash
cinq *[num]* - five
cinq cents *[num]* - five hundred
cinquante *[num]* - fifty
clé (la) *[f]* - key
cochon (le) *[m]* - pig
coeur (le) *[m]* - heart
collants (les) *[fp]* - stockings
collants (les) *[mp]* - tights

colonne vertébrale (la) *[f]* - backbone
combinaison (la) *[f]* - jumpsuit
commode (la) *[f]* - dresser
congélateur (le) *[m]* - freezer
corps (le) *[m]* - body
corset (le) *[m]* - corset
costume (le) *[m]* - suit
cou (le) *[m]* - neck
coude (le) *[m]* - elbow
couguar (le) *[m]* - cougar
couleur (la) *[f]* - colour
cousin (le) *[m]* - cousin
couteau (le) *[m]* - knife
couverture (la) *[f]* - blanket
crapaud (le) *[m]* - toad
cravate (la) *[f]* - necktie
crocodile (le) *[m]* - crocodile
cuillière (la) *[f]* - spoon
cuisine (la) *[f]* - kitchen
cuisinière (la) *[f]* - stove
cuisse (la) *[f]* - thigh
culotte (la) *[f]* - knickers
côte (la) *[f]* - rib
décembre *[m]* - December
demi-frère (le) *[m]* - stepbrother
dent (la) *[f]* - tooth
dents (les) *[fp]* - teeth
deux *[num]* - two
deux cents *[num]* - two hundred
dimanche (le) *[m]* - Sunday
dix *[num]* - ten
dix-huit *[num]* - eighteen
dix-neuf *[num]* - nineteen
dix-sept *[num]* - seventeen
doigt (le) *[m]* - finger
dos (le) *[m]* - back

douche (la) *[f]* - shower
douze *[num]* - twelve
drap (le) *[m]* - sheet
eau (l') *[f]* - water
écharpe (l') *[f]* - scarf
écureuil (l') *[m]* - squirrel
éléphant (l') *[m]* - elephant
épaule (l') *[f]* - shoulder
épouse (l') *[f]* - wife
escalier (l') *[m]* - staircase
estomac (l') *[m]* - stomach
étagère (l') *[f]* - shelf
été (l') *[m]* - summer
famille (la) *[f]* - family
fenêtre (la) *[f]* - window
fermeture-éclair (la) *[f]* - zip
février *[m]* - February
fille (la) *[f]* - daughter
fils (le) *[m]* - son
foie (le) *[m]* - liver
foncé *[adj]* - dark
foumillier (le) *[m]* - anteater
fourchette (la) *[f]* - fork
front (le) *[m]* - forehead
frère (le) *[m]* - brother
gant (le) *[m]* - glove
gants (les) *[mp]* - gloves
gazelle (la) *[f]* - gazelle
genou (le) *[m]* - knee
gilet (le) *[m]* - waistcoat
girafe (la) *[f]* - giraffe
glande (la) *[f]* - gland
gorge (la) *[f]* - throat
gorille (le) *[m]* - gorilla
grand-mère (la) *[f]* - grandmother
grand-père (le) *[m]* - grandfather

grenouille (la) *[f]* - frog
grille-pain (le) *[m]* - toaster
gris *[adj]* - grey
guépard (le) *[m]* - cheetah
hanche (l') *[f]* - hip
hippopotame (l') *[m]* - hippopotamus
hiver (l') *[m]* - winter
horloge (l') *[f]* - clock
huit *[num]* - eight
huit cents *[num]* - eight hundred
hyène (la) *[f]* - hyena
image (l') *[f]* - image
interrupteur (l') *[m]* - switch
iris (l') *[m]* - iris
jaguar (le) *[m]* - jaguar
jambe (la) *[f]* - leg
janvier *[m]* - January
jaune *[adj]* - yellow
jeans (le) *[m]* - jeans
jeudi (le) *[m]* - Thursday
joue (la) *[f]* - cheek
jour (le) *[m]* - day
juillet *[m]* - July
juin *[m]* - June
jupe (la) *[f]* - skirt
kangourou (le) *[m]* - kangaroo
koala (le) *[m]* - koala
lama (le) *[m]* - llama
lampe (la) *[f]* - lamp
lampe de poche (la) *[f]* - torch
langue (la) *[f]* - tongue
lapin (le) *[m]* - rabbit
lave-vaisselle (le) *[m]* - dishwasher
léopard (le) *[m]* - leopard
lion (le) *[m]* - lion
lit (le) *[m]* - bed

loup (le) *[m]* - wolf
lundi (le) *[m]* - Monday
lynx (le) *[m]* - bobcat, lynx
lèvre (la) *[f]* - lip
machine à laver (la) *[f]* - washing machine
mai *[m]* - May
maillot de bain (le) *[m]* - bathing suit
main (la) *[f]* - hand
maison (la) *[f]* - house
maman (la) *[f]* - mum
manteau (le) *[m]* - coat, overcoat
mardi (le) *[m]* - Tuesday
mari (le) *[m]* - husband
mariée (la) *[f]* - bride
marmite (la) *[f]* - pot
marron *[adj]* - brown
mars *[m]* - March
menton (le) *[m]* - chin
mercredi (le) *[m]* - Wednesday
meuble (le) *[m]* - furniture
mille *[num]* - one thousand
miroir (le) *[m]* - mirror
mixeur (le) *[m]* - mixer
mois (le) *[m]* - month
mouchoir (le) *[m]* - handkerchief
moustache (la) *[f]* - moustache
mouton (le) *[m]* - sheep
mule (la) *[f]* - mule
mur (le) *[m]* - wall
muscle (le) *[m]* - muscle
mâchoire (la) *[f]* - jaw
mère (la) *[f]* - mother
nerf (le) *[m]* - nerve
neuf *[num]* - nine
neuf cents *[num]* - nine hundred
neveu (le) *[m]* - nephew

nez (le) *[m]* - nose
nièce (la) *[f]* - niece
noeud papillon (le) *[m]* - bow tie
noir *[adj]* - black
nombre (le) *[m]* - number
novembre *[m]* - November
octobre *[m]* - October
oeil (l') *[m]* - eye
oncle (l') *[m]* - uncle
ongle (l') *[m]* - fingernail
onze *[num]* - eleven
orange *[adj]* - orange
oreille (l') *[f]* - ear
oreiller (l') *[m]* - pillow
orteil (l') *[m]* - toe
oryctérope du Cap (l') *[m]* - aardvark
os (l') *[m]* - bone
ours (l') *[m]* - bear
panda (le) *[m]* - panda
pantalon (le) *[m]* - trousers
panthère (la) *[f]* - panther
pantoufles (les) *[fp]* - slippers
papa (le) *[m]* - dad
parapluie (le) *[m]* - umbrella
parents (les) *[mp]* - parent, parents, relative, relatives
parties du corps (les) *[fp]* - parts of the body
paupière (la) *[f]* - eyelid
peau (la) *[f]* - skin
peignoir (le) *[m]* - dressing gown
peinture (la) *[f]* - painting
petit-fils (le) *[m]* - grandchild
pied (le) *[m]* - foot
pieds (les) *[mp]* - feet
placard (le) *[m]* - cabinet
plafond (le) *[m]* - ceiling
plat (le) *[m]* - dish

poignet (le) *[m]* - wrist
poing (le) *[m]* - fist
porc-épic (le) *[m]* - porcupine
porte (la) *[f]* - door
porte-monnaie (le) *[m]* - purse
portefeuille (le) *[m]* - wallet
poste de radio (le) *[m]* - radio
poubelle (la) *[f]* - rubbish can
pouce (le) *[m]* - thumb
poumon (le) *[m]* - lung
poêle (la) *[f]* - frying pan
pyjama (le) *[m]* - pyjamas
père (le) *[m]* - father
quarante *[num]* - forty
quatorze *[num]* - fourteen
quatre *[num]* - four
quatre cents *[num]* - four hundred
quatre-vingts *[num]* - eighty
quatre-vingts-dix *[num]* - ninety
quinze *[num]* - fifteen
rat (le) *[m]* - rat
réfrigérateur (le) *[m]* - refrigerator
rein (le) *[m]* - kidney
renard (le) *[m]* - fox
réveil (le) *[m]* - alarm clock
rhinocéros (le) *[m]* - rhinoceros
rideau (le) *[m]* - curtain
rideau de douche (le) *[m]* - shower curtain
robe (la) *[f]* - dress, jumper
robinet (le) *[m]* - tap
rose *[adj]* - pink
rouge *[adj]* - red
sac (le) *[m]* - bag
sac de couchage (le) *[m]* - sleeping bag
sac poubelle (le) *[m]* - rubbish bag
sac à main (le) *[m]* - handbag

saison (la) *[f]* - season
salle de bain (la) *[f]* - loo
salopette (la) *[f]* - overalls
samedi (le) *[m]* - Saturday
sandales (les) *[fp]* - sandals
sang (le) *[m]* - blood
savon (le) *[m]* - soap
seau (le) *[m]* - pail
sein (le) *[m]* - breast
seize *[num]* - sixteen
sept *[num]* - seven
sept cents *[num]* - seven hundred
septembre *[m]* - September
serpent (le) *[m]* - snake
serviette (la) *[f]* - napkin
singe (le) *[m]* - monkey
six *[num]* - six
six cents *[num]* - six hundred
slip (le) *[m]* - briefs
soeur (la) *[f]* - sister
soixante *[num]* - sixty
soixante-dix *[num]* - seventy
sol (le) *[m]* - floor
source (la) *[f]* - spring
sourcil (le) *[m]* - eyebrow
souris (la) *[f]* - mouse
soutien-gorge (le) *[m]* - bra
sweat-shirt (le) *[m]* - sweatshirt
sèche-linge (le) *[m]* - drier
T-shirt (le) *[m]* - T-shirt
table (la) *[f]* - table
tableau (le) *[m]* - picture
taches de rousseur (les) *[fp]* - freckles
taille (la) *[f]* - size, waist
tamia (le) *[m]* - chipmunk
tante (la) *[f]* - aunt

tapis (le) *[m]* - carpet
tasse (la) *[f]* - cup
tatou (le) *[m]* - armadillo
taureau (le) *[m]* - bull
téléphone (le) *[m]* - telephone
télévision (la) *[f]* - television
tendon (le) *[m]* - tendon
tigre (le) *[m]* - tiger
tiroir (le) *[m]* - drawer
toilettes (les) *[f]* - toilet
toit (le) *[m]* - roof
tortue (la) *[f]* - tortoise
treize *[num]* - thirteen
trente *[num]* - thirty
trois *[num]* - three
trois cents *[num]* - three hundred
tête (la) *[f]* - head
un *[num]* - one
un milliard *[num]* - one billion
un million *[num]* - one million
vache (la) *[f]* - cow
vase (le) *[m]* - vase
veine (la) *[f]* - vein
vendredi (le) *[m]* - Friday
ventre (le) *[m]* - belly
verre (le) *[m]* - drinking glass, glass
vert *[adj]* - green
vessie (la) *[f]* - bladder
veste (la) *[f]* - jacket
vif *[adj]* - bright
vingt *[num]* - twenty
violet *[adj]* - purple
visage (le) *[m]* - face
vêtements (les) *[mp]* - clothes
zéro *[num]* - zero
zèbre (le) *[m]* - zebra

About the Author

Erik Zidowecki is a computer programmer and language lover. He is a co-founder of UniLang and founder of Parleremo, both web communities dedicated to helping people learn languages. He is also the Editor in Chief of Parrot Time magazine, a magazine devoted to language, linguistics, culture and the Parleremo community.

About Parleremo Languages

Parleremo is a language learning web site and online community. Free to any who wish to learn about languages and cultures, Parleremo uses a mixture of static and interactive resources as well as peer to peer sharing of knowledge and experience.

We are devoted to providing language materials and resources to people that want to learn and work with a like minded community.

Connect with Me:

Follow me on Twitter:
https://twitter.com/Parleremo
Friend me on Facebook:
https://www.facebook.com/ezidowecki
Join my group on Facebook:
https://www.facebook.com/groups/264839636895941/
Join my site: http://www.parleremo.org/